# 全球化

站在新的十字路口

王辉耀 著

生活·讀書·新知 三联书店

Copyright ⓒ 2021 by SDX Joint Publishing Company.
All Rights Reserved.
本作品版权由生活·读书·新知三联书店所有。
未经许可,不得翻印。

**图书在版编目（CIP）数据**

全球化：站在新的十字路口／王辉耀著．—北京：生活·读书·新知三联书店，2021.3
ISBN 978-7-108-07030-2

Ⅰ.①全… Ⅱ.①王… Ⅲ.①全球化－研究 Ⅳ.①C913

中国版本图书馆 CIP 数据核字（2020）第 260295 号

| 责任编辑 | 张　璞 |
| 装帧设计 | 薛　宇 |
| 责任校对 | 曹秋月 |
| 责任印制 | 宋　家 |
| 出版发行 | 生活·讀書·新知 三联书店 |
|  | （北京市东城区美术馆东街 22 号 100010） |
| 网　址 | www.sdxjpc.com |
| 经　销 | 新华书店 |
| 印　刷 | 三河市天润建兴印务有限公司 |
| 版　次 | 2021 年 3 月北京第 1 版 |
|  | 2021 年 3 月北京第 1 次印刷 |
| 开　本 | 635 毫米×965 毫米 1/16 印张 18.5 |
| 字　数 | 220 千字 |
| 印　数 | 0,001-3,000 册 |
| 定　价 | 58.00 元 |

（印装查询：01064002715；邮购查询：01084010542）

本书的研究与出版得到了2020年西南财经大学发展研究院专著出版资助和北京东宇全球化智库基金会的支持,特此致谢!

# 目 录

序 言　i

辑一　新冠肺炎疫情：全球化是进还是退

　　疫情挡不住中国开放的步伐　　3
　　以常态化抗疫助推中国经济高质量发展　　6
　　期待更多海归彰显价值与担当　　10
　　全球抗疫合作中的中国力量　　14
　　"逆全球化"倒行逆施是加剧疫情危机的主因　　17
　　中美民间力量是推动两国抗疫合作的生力军　　20
　　新冠肺炎疫情为全球治理体系革新注入"催化剂"　　23
　　疫后全球治理创新需加强多边合作　　27
　　不能让贸易壁垒成为病毒"保护伞"　　31
　　全球抗疫合作　WTO应发挥更大作用　　34
　　疫情之下，国际社会需携手应对气候危机　　38

辑二　贸易秩序：国际组织的挑战与新变是什么

　　WTO的历史困局与变革之路　　45
　　国际税收体系改革势在必行　　50
　　改革全球贸易体系　助推全球经济增长　　54

中欧合作共同推进WTO现代化改革　58
G20机制如何在全球治理中发挥更大作用　62
抓住多边合作机遇　应对世界经济挑战　65
中日可开启双边投资协定升级谈判　69
中国可考虑加入CPTPP了　73
把握好RCEP发展新机遇　76

辑三　人的交互：全球化新时代如何做好人才引用

以人才流动治理创造更多"中国红利"　83
海归与中国高科技新兴产业发展　86
国际化人才是粤港澳大湾区建设的重要支柱　90
海归70年：中国推动全球化的创新力量　94
国际人才引进亟须提升服务效益　98
国际人才政策再突破，"华裔卡"可堪大任　101
中关村如何更好地发挥引才标杆作用　104
"引进来""走出去"　中国将扩大教育对外开放　108
中国发展跨国高等教育前景可期　112
两会带给留学人员广阔机遇　115

辑四　开放之路：新的大门如何向世界打开

新经济时代中国发展的新思考　123
外商投资立法将对外开放推向新高度　127
进博会赋能中国开放新发展　130
中国扩大开放有利于全球化包容普惠发展　134
海南自贸港：中国高水平开放的新起点　137

品牌全球化需"品质革命" 140

提升中国对外投资的质量和效益 148

"一带一路"：全球治理的重要抓手 151

以亚投行为鉴 推动"一带一路"多边发展 158

加强与国际开发银行合作 助推"一带一路"行稳致远 161

推进"一带一路"倡议实施 中小企业大有可为 164

打卡世界500强 中国企业要更上层楼 167

扩大对外开放 让中外企业合作更紧密 171

## 辑五 大国外交：如何为全球化注入新动力

中国不会威胁现有国际秩序 177

中美欧合作共建更包容的全球秩序 181

在平等基础上寻求合作才能创造中美共赢 185

中美关系须超越新冷战论调 188

中欧合作为世界稳定发展注入新动能 193

以中德合作助推中欧关系提质升级 196

发展中日韩合作 凝聚亚洲力量 199

开启40年发展新篇章 中日合作未来更可期 203

中印关系应面向未来 206

中新合作助推亚太经贸一体化 210

推动中非合作升级 构建中非命运共同体 214

世界需以新的眼光看待中国的努力 222

## 辑六 全球化：如何走向包容与可持续发展

改革开放新阶段与全球治理新格局 229

推进全球治理创新发展刻不容缓　　238
中国是完善全球治理的重要力量　　242
以基础设施新动能促进全球治理新发展　　246
破解"逆全球化"的中国方案　　249
从亚洲文明到亚洲共同体　　254
以东盟为鉴推进亚洲一体化　　258
解决国际区域矛盾　中国可发挥更大作用　　262
推动全球气候和环境治理　把握国际多边合作的
　　重要契机　　266
利用多元公共外交推动国际合作共赢　　271
"和而不同"应成为全球化新阶段主旋律　　275

后　记　　279

# 序　言

2020，农历庚子年。

时值中国春节，一场突如其来的新冠肺炎疫情肆虐全球。截至今日，全球累计确诊人数超千万，累计死亡人数近百万，这场被称为"二战"以来最严重的全球性公共卫生危机，让全世界人措手不及。随着新冠肺炎疫情在全球持续蔓延，部分国际舆论开始将其归咎于"全球化"，甚至提出以封锁、减少贸易互动等"逆全球化"方式来阻止疫情传播。

新冠肺炎疫情下，全球化是进还是退？

事实上，各国学者对这一问题的争论早已有之。我曾多次参加慕尼黑安全会议、巴黎和平论坛、世界经济论坛等国际论坛，也曾在芒克辩论会、阿斯塔纳俱乐部年会、美国战略与国际问题研究中心（CSIS）"中国力量"年会上与来自各国的国际关系领域顶级专家进行辩论研讨。在一次次的接触交流中我发现，不论会议议题如何变化，"全球化"和"中国"都是无法回避的两个重要话题。

近年来，逆全球化浪潮带来的冲击愈演愈烈。从高举"美国优先"大旗的唐纳德·特朗普入主白宫，到昔日自由贸易思想的滥觞英国不惜与欧盟"划海峡而治",各国民粹主义与贸易保护主义此起彼伏。而这场新冠肺炎疫情更似一场烈火,把这些存在已久的全球危机因素再次点燃。各国专家学者对全球化和全球治理的争论也更加激烈。一场全球公共卫生危机会将延续几百年的全球化化为乌有吗?

当我们穿越时间的纵深,就会发现,全球新冠肺炎疫情不过是全球化和全球治理体系发展演变过程中的一次曲折。这个"百年未有之大变局"的新时代或许也将成为人类推动全球化朝着更加包容和公平的方向前进的契机。

## 全球化的新变

全球化在过去几个世纪中曾经历过什么?只有了解了历史,才能更好地看清未来。

15世纪航海大发现后,西方国家,先是葡萄牙、西班牙成为第一批搭上全球化列车的乘客,后来还有荷兰、英国以及整个西方世界。经历了18—19世纪两次工业革命后,世界市场逐步形成,商品、劳动力和资本实现全球性流动。"二战"后,国际秩序与治理体系建章立制,尤其在"冷战"结束后,新科技革命将工业化进程引向新高潮,跨国公司大量涌现,资本的国际流动速度空前,经济全球化程度空前提高。可以说,全球化成功打破地理与空间界限,连接各国生产与贸易体系,促成资本、技术、人才在全球范围的流动,为世界创造了巨大的财富。

在走过几个世纪的光辉岁月后,全球化正面临巨大挑战,而全球化的"新变"或也孕育其中:

国际自由贸易秩序被破坏。世界贸易组织（简称"世贸组织"，英文缩写为WTO）作为现有国际经贸体系中的"元老"，成立于1995年，自1996年取代关税与贸易总协定（GATT）至今已20余年。被称为"经济联合国"的世贸组织涵盖了货物贸易、服务贸易以及知识产权贸易，对世界经济发展有着举足轻重的作用，成为全球化迅猛发展的主导推动力。但近十多年来，随着发展中国家与发达国家分歧加大、多哈回合的谈判受阻，WTO发展进入停滞期，面对WTO谈判僵局，美国采取了消极态度，特朗普更是经常威胁要退出WTO。这一在"二战"后确立的以消除贸易障碍、倡导自由贸易为指导精神的全球贸易体系面临前所未有的挑战。

资本全球流动严重受阻。近年来，欧美发达国家对外资态度更为谨慎，尤其是对高新技术及关键基础设施领域。欧盟理事会通过针对外商投资的新审查框架，美国众议院和参议院通过《外国投资风险审查现代化法案》（FIRRMA法案），英国先后通过《英国外商投资审查新规》《国家安全与投资》白皮书……各国在加强对外国投资的审查方面不断打出新牌。

人才跨国流动难度大幅增加。受到民粹主义、大国单边主义的影响，很多国家对待人口流动的态度变得更为谨慎。以美国为例，作为世界上最大的移民国家，美国的经济发展离不开国际人才的贡献。然而，特朗普上台后设置了诸如限制移民、在人才签证上收紧等种种阻碍。

全球治理落后于全球实践。全球化的发展带来对基础设施、数据安全和商业模式的新变化。跨国公司的迅猛发展远远超过了现有国际税收体系的管理范围，全球税制改革亟须提上日程；科技变迁带来了巨大的利益协调和社会风险管控难题，科技企业为人们带来便利的同时，也成为数字垄断平台，缺乏国际监管。

新冠肺炎疫情深刻揭示了全球化背景下各国命运与共的事实，同时也暴露出现存全球治理体系的脆弱性，改革与创新迫在眉睫。

## 中国受益于世界，中国也贡献于世界

改革开放后，中国及时把握住时代脉搏，准确抓住全球化的历史机遇，主动拥抱全球化发展，成功搭上了世界经济的快车，成为全球化最大的受益者之一。

中国受益于世界，中国也贡献于世界。

随着新兴国家的崛起，世界格局多极化趋势更加显著。客观来看，中国的崛起的确成为国际秩序改变的重要推动力量。同时由于中国在政治体制和意识形态方面与西方国家存在差异性，外界对中国产生疑问甚至误解实际上是合乎逻辑的。对此，我们需要思考应如何建立一套新的国际叙事体系，用更加国际化的语言向世界讲述中国的发展故事。

在2019年5月举行的国际著名辩论会——芒克辩论会上，美国总统国家安全事务前顾问麦克马斯特（H. R. McMaster）和美国哈德逊研究中心中国战略研究主任白邦瑞（Michael Pillsbury）曾向我抛出许多关于中国的尖锐问题。其中有一个关于中国是否在逃避国际责任的问题给我留下了十分深刻的印象。

我们看到，每当全球化受到挑战时，中国都发出了捍卫全球化、维护全球治理体系和多边贸易体制的坚定声音。同时，中国也为推动世界经济发展和全球治理创新做出了重要的贡献。

中国已经成为世界经济增长的重要动力和稳定器，近年来对世界经济增长的贡献率保持在 30% 左右。中国实施积极有效的扶贫政策，使本国贫困人口数量从 1978 年末的 7.7 亿人下降至 2017 年末的 3046 万人，累计减贫 7.4 亿，对全球减贫的贡献率超过七成，为联合国 2030 年可持续发展目标的实现做出了重大贡献。美国财政部前部长、哈佛前校长劳伦斯·萨默斯（Lawrence Summers）在全球化智库（CCG）演讲时曾赞叹这种成就甚至超越了第一次工业革命在此方面的影响。

在维护世界和平与繁荣发展方面，中国积极响应联合国维和行动号召，被联合国誉为"维和行动的关键因素和关键力量"。此外，中国积极参与《巴黎协定》，发表《中国的北极政策》等，在气候问题中做出了重要表率。这些行动都展现出中国参加国际多边合作和参与全球治理的积极态度和能力，彰显了中国愿与世界各国共同应对人类生存与发展挑战的责任感、使命感。

与此同时，中国还主动提出了设立亚洲基础设施投资银行（AIIB）、共建"一带一路"倡议、构建人类命运共同体等多种全球治理方案，不断推动全球治理体系发展。

而当全球经济因新冠肺炎疫情影响正"面临自 20 世纪 30 年代经济大萧条以来最严重的衰退"的时刻，中国经济率先恢复，给世界注入动力和信心。在 CCG 与世界银行联合举办的 2020 年《全球经济展望报告》发布会上，世界银行前景预测局局长阿伊汗·高斯（Ayhan Kose）对报告进行了深度解读。世界银行预测，2020 年全球 GDP 将萎缩 5.2%，发达国家萎缩 7%，但中国将逆势增长 1%，成为唯一正增长的经济大国。

## 全球化，如何走向包容与可持续？

中国的发展和崛起已经成为既定事实，而这也不可避免地助推全球格局改变。但全球化将依然是历史发展的大趋势，没有哪个国家面对全球性问题能独善其身。在这个世界各国共生、共存、共发展的全球化新时代，开放与合作应成为包括中国在内的所有国家的共同选择。

作为CCG的创始人和理事长，我在近年的观察与交流中产生了许多关于中国和全球化发展的困惑，也由此引发了许多思考与感悟。在智库研究工作之余，我有幸受到各大主流媒体的邀约写了很多专稿，由此得以把自己的一些不成熟想法记录成文。窃以为经过几年的积累，这些稿件也呈现出一个相对完整的思考脉络。经过再次整理，我精心挑选了60余篇文章汇集成书，希望可以为关心中国与全球化发展的读者提供一些新的视角来思考百年大变局时代的中国与世界。

本书按内容主旨分为六辑，第一辑从新冠肺炎疫情给全球化带来的挑战说起，从中国的视角出发对全球化发展趋势和中国的角色进行思考。在保护主义抬头趋势增强的当下，中国明确反对一些国家新的贸易保护主义措施，要求减少不利于贸易自由的制度和障碍，加强国际高水平自贸区建设。同时，中国在维护国际自由贸易秩序和应对潜在气候危机方面也在进行更加积极的尝试。

第二辑从经贸多边合作的角度对国际货币基金组织、世界贸易组织、二十国集团（G20）等国际多边组织近年来遇到的改革难题和"区域全面经济伙伴关系协定"（RCEP）、"全面与进步跨太平洋伙伴关系协定"（CPTPP）等新生区域经贸协定进行探讨。中国是多边合作的坚定支持者，构建"人类命运共同体"便充分体现这一主张。如何在坚持对本国利益追求的同时兼顾他国合理关切？如何既谋求本国发展，同时促进各国共同发展？这些问题与未来全球化的发展息息相关。

将目光从全球化的宏观发展转向微观层面，我们发现人作为最活跃的要素在全球化的发展过程中发挥着不可替代的作用。本书的第三辑就以"人本全球化"为核心话题，探讨人才在中国融入世界过程中扮演的角色和未来可发挥的作用。成立十余年来，CCG一直倡导中国以更加开放的态度欢迎国际人才。在疫情使全球人才竞争更加激烈的背景下，中国应抓住机遇，为进一步融入全球化创造更多优势。

本书的第四辑集合了我对"引进来""走出去"与中国开放问题的一些想法。面对不断变化的国际形势，中国坚持深化开放的战略方针，通过外商投资立法，自贸区、自贸港建设优化营商环境，将对外开放推向新高度。通过举办进博会，为全球企业提供进入中国市场的机会。同时，企业作为全球化的重要推动力量，应该进一步提升对外投资的质量和效益，才能更好地走向全球。

本书最后两辑则围绕中国新时代大国外交和全球化如何实现可持续发展展开。中国的崛起对现有国际秩序构成了不可忽视的冲击，中国的外交政策也将对世界格局的变化产生影响。因此我认为，中国既要重视双边关系，也要推动多边合作，这两者是相辅相成的。

在发展理念层面，中国应对"人类命运共同体"这一价值观进行更加充分的阐述，在理论层面为中国推动全球治理创新提供支撑与指导。而在实践举措层面，中国则应以更高质量的开放进一步提倡和实施贸易和投资的自由化及便利化。中国只有主动承担起国际责任，为全球发展提供更多公共产品，才能在国际舞台上获取更多话语权和影响力。这也是中国进一步实现自身发展的必备条件。

国家主席习近平在世界经济论坛 2017 年年会开幕致辞时说："把困扰世界的问题简单归咎于经济全球化，既不符合事实，也无助于问题解决。"作为国际社会的一员，中国正与世界各国一同接受"百年未有之大变局"的考验，也将与世界各国一道推动经济全球化走向包容和可持续。

王辉耀

2020 年 7 月 16 日

辑一

新冠肺炎疫情：
全球化是进还是退

# 疫情挡不住中国开放的步伐

新冠肺炎疫情引发的危机仍未结束，但中国正在通过进一步开放发展激活新的经济增长点，逐步走出疫情的阴影。

4月1日，我国全面取消外资在华设立金融机构的股权限制，金融市场迎来大开放。4月7日，国务院常务会议决定第127届广交会于6月中下旬在线上举办，拓展跨境电商交易平台，助推外贸行业提升开放质量。4月8日，武汉离汉离鄂交通管控措施正式解除，国内复工复产加速推进，经济恢复的脚步加快。

疫情之下，这些积极信号对中国稳定外贸外资更具有重要意义。中国以开放促发展不仅为自身创造新机遇，更将为全球经济恢复活力注入新动能。

依托电商创新进出口贸易发展，是疫情之下我国应对外贸挑战的重要做法。据海关总署统计，今年前两个月我国外贸进出口总值4.12万亿元，比去年同期下降9.6%。其中，出口2.04万亿元，同比下降15.9%；进口2.08万亿元，同比下降2.4%。随着国内生产逐渐恢复，再加上政府已出台相关保障措施，进出口贸易已经有所恢复，但仍面临发展瓶颈。对此，国务院常务会议决定增设跨境电商综合试验区，在原有59个跨境电商综合试验区基础上再新设46个跨境电商综合试验区，增加交易平台，缓解疫情对企业带来的冲击。

发展跨境电商有利于推动外贸高质量发展，从根本上顺应数字经济发展趋势。疫情触动了电商的创新发展，更推动了产业数字化转型的变革。数据显示，今年前两个月网上零售额同比增长3%，占全国总销售额的21.5%，与去年年底相比提升两个百分点。在零售行业以外，从餐饮到学校教育再到企业经营，数字化转型成为各个产业在疫情中生存的必然选择。客观上看，疫情也为中国数字化发展注入了强劲动力。后疫情时代，进一步利用跨境电商稳定外贸发展，还有利于利用数字技术促进外贸企业精细化经营管理，推动产业升级。

在稳外贸的同时，金融开放更将促进吸引外商投资，激发市场活力。2019年7月，中国宣布深化金融等现代服务业开放举措，将原定的2021年取消证券、期货、寿险外资股比限制提前至2020年。在不到一年的快速筹备下，金融开放正式开启。这一重大改革举措将促进国内资管行业升级，提升对外资的吸引力。疫情使全球股市出现更多不确定性，中国的开放为各国资本找到了一条出路，对推动世界经济复苏也具有重要意义。

疫情之下，世界各国开放合作才能推动经济复苏。中国未来应推动改革开放走深走实，创新发展市场经济，打造更优的营商环境。

第一，在大力推动跨境电商发展，促进外贸产业高质量升级的同时，要更注重加强新型基础设施建设，为实现更高质量的开放打造硬条件。我国先进的"新基建"基础在抗击疫情中发挥了巨大作用，不仅使疫情信息利用网络渠道实现公开透明，更形成了"5G+"的数字经济发展矩阵，尽可能减少疫情对经济带来的冲击，保证社会生产活动的有序开展。随着数字经济逐渐成为未来中国经济增长的主要驱动力，"新基建"作为必不可少的硬件设施，需要我们增加投入，实现创新。

第二，进一步扩大开放，发挥市场在资源配置中的决定性作用，让民企和外企都能在"新基建"领域发挥所长。商务部新近发布的《关于应对疫情进一步改革开放做好稳外资工作的通知》指出，要进一步缩减外资准入负面清单，进一步扩大外商投资范围。在大方向指引下，外资也可以参与中国"新基建"建设，特别是在高新技术研发层面开展合作，让外资更加主动地涌入中国市场，激发经济活力。

第三，加强"新基建"国际合作，鼓励中国企业走向全球"新基建"市场。开放是"引进来"与"走出去"的双向互动，在拉动外资"引进来"发展中国"新基建"的同时，应推动中国企业"走出去"，参与世界"新基建"创新。数字经济作为全球化发展的新方向，各国在推动本国产业数字化转型升级的同时必然会对"新基建"产生巨大需求。中国企业可抓住这一宝贵契机，并借力"一带一路"倡议、亚投行和其他已有的国际合作项目资源，拓展"新基建"国际合作，将其转化为全球经济复苏的强劲推动力，应用数字力量维持全球价值链，实现普惠和共赢的发展。

总体来看，中国经济在新冠肺炎疫情中显示出了强劲韧性，疫情客观上也成为全球产业实现数字经济转型的重要契机。面对这一窗口机遇，中国应利用自身优势，不断深化改革开放，既要更好地"引进来"，也要创新地"走出去"，以自身发展推动全球经济复苏，承担更多国际责任。

（原载于《北京青年报》，2020年4月12日，有改动）

## 以常态化抗疫助推中国经济高质量发展

全球化智库与世界银行日前联合举行发布会，世界银行前景预测局局长阿伊汗·高斯在会上解读世界银行2020年《全球经济展望报告》。报告预测，受新冠肺炎疫情影响，2020年全球GDP将萎缩5.2%，发达国家萎缩7%，但中国将逆势增长1%，成为唯一正增长的经济大国。

6月中旬北京出现聚集性疫情，令人猝不及防，但从北京的快速反应来看，北京并不会成为第二个"武汉"。短短几天内，北京已经对35.6万重点人群进行了核酸检测，日均核酸检测采样约40万人。北京吸取前段时间各地的防疫经验，并通过大数据分析等技术，形成了全方位的抗疫格局，通过精准分辨风险分布情况，阻击病毒进一步传播。如权威专家所说，与新冠肺炎疫情进行常态化、长期性斗争，或将成为世界各国不得不面对的现实。在此背景下，在常态化疫情防控和社会经济发展之间找到合适的平衡点尤为重要。

中国经济在第二季度呈现明显复苏态势。国家统计局发布5月最新经济数据显示，在供给端，我国工业增速有所提升，服务业也有所回暖，服务业生产指数同比增长1%；在需求端，5月社会消费品零售总额同比降幅比上月收窄 4.7 个百分点，投资降幅也有所收窄。这些数据均表明，中国经济在疫情造成的艰难境况下仍表现出积极的一面，经济恢复和发展不应因疫情在局部地区复现而停滞不前。

综观全球，虽然疫情仍在持续，但随着疫情曲线的缓和，欧美一些国家在逐步解除出行限制，为疫情下的经济发展缓解压力。中国不能像有的国家那样忽视疫情的风险，但也要重视推动经济平稳运行的客观要求。

面对疫情，中国各地和社会各界既要科学应对，坚决遏制疫情蔓延，也要按照促进发展、深化改革的总体要求，助推中国经济持续稳定高质量发展。

新冠病毒具有传染性较高、致死率较低的特点。当疫情发生或出现反复，科学研判疫情形势对维持社会平稳运行、减少防疫阻力十分关键。首先，政府部门要加速排查疫情，保证信息透明度，保障基本物资供应，稳定社会预期，防止社会恐慌情绪发酵。北京市政府发现疫情后迅速通报，在组织大批人员进行核酸检测的同时，不断向社会更新信息，防止不实信息散播。这对提振市民的信心，赢得市民支持、配合政府工作，以最快速度进行检测排查起到了重要作用。

其次，应更多地运用科技手段，创新精准抗疫模式，寻求经济发展和疫情防控之间的平衡点。北京之所以能在几天之内完成几十万人员的核酸检测，一方面离不开较强的核酸检测能力，另一方面，大数据、云计算等互联网技术的运用也发挥了重要作用。通过"北京健康宝"等小程序，市民可以对自己感染新冠肺炎的风险做出大致判断，这些小程序也为身体健康民众的正常出行提供了便利，避免出现"一刀切"等极端现象。在抗疫常态化趋势下，这种运用大数据、云计算等互联网技术进行精准抗疫的模式应当进一步优化升级，为大中小学生回归校园、上班族正常通勤和民众进行日常消费活动保驾护航。

最后，企业和民众应配合政府工作，保持积极心态和坚定信心。抗击疫情虽有政府部门做主导，但企业和民众作为社会发展的主体，同样也是抗击疫情的主体。疫情发生之初，各地企业和民众迅速行动起来，纷纷发挥自身特点和所长，为抗击疫情贡献力量。如果疫情出现反复，企业和民众更应从自身做起，一边加强科学防护，积极参与常态化疫情防控，一边立足实际做好本职工作，为社会经济恢复和发展尽一己之力。例如，企业应严格执行对员工健康状态的监管措施，保障企业正常运营，并主动承担社会责任；个人应按要求做好防护措施，不信谣传谣，积极服从服务于政府的抗疫安排。

近期举办的中非团结抗疫特别峰会上，国家主席习近平在讲话中表示，"团结合作是抗击疫情最有力的武器"。目前，全球疫情仍在持续发展，少数国家和地区疫情还有加重的迹象，中国在做好国内常态化疫情防控的同时，还应加强国际合作，参与抗击全球疫情。中国有着丰富的抗疫经验，在疫苗研制方面取得了重要突破，中国的抗疫经验和取得的成果，对其他国家具有重要的参考借鉴价值。

全球疫情一天没有结束，中国就存在"被输入"和疫情反复的风险，而随着更多国家开始复工复产复市复学，全球面临着疫情反复的更大风险。全球抗疫合作不应随着疫情曲线的平缓而停滞，各国之间加强抗疫经验交流，进一步巩固国际联防联控，对彻底遏制全球疫情具有重要意义。

新冠肺炎疫情是人类进入21世纪后遇到的最大挑战之一，这场全球性公共卫生危机或许将在相当程度上改变人类社会发展轨迹。中国社会不会因为疫情而出现倒退，中国经济不会因为疫情而长期陷入困境。面对疫情的挑战，我们需要迎难而上，用科学的态度和方法沉着应对，以日渐成熟、强劲的常态化疫情防控，推动中国经济在高质量发展轨道行稳致远。

（原载于《北京青年报》，2020年6月20日，有改动）

# 期待更多海归彰显价值与担当

2020年初暴发的新冠肺炎疫情已超过了17年前"非典"的规模，给中国经济和世界经济造成的损失也远超"非典"。

然而在疫情面前，我们再一次见证了中华民族顽强的生命力和不言放弃的拼搏精神。在2月中旬召开的第56届慕尼黑安全会议上，世界卫生组织总干事谭德塞指出，虽然目前尚不可能预测新冠肺炎疫情走向，但中国为从源头控制疫情所采取的强有力防控措施令人鼓舞，并为此付出了巨大代价，中国为世界防控疫情赢得了时间。

作为推动中国开放创新的重要力量，在此次抗击新冠肺炎疫情的过程中，海归群体扮演着十分重要的角色。他们在科研、医疗、物资捐赠和社会经济维稳等方面都发挥着不可替代的作用，让我们对战胜疫情有着更强的信心。

在此次抗击疫情期间发挥着中流砥柱作用的钟南山院士就是一位海归学长。从"非典"到"新冠"，高龄的钟院士始终奔走在抗击疫情的前线。这种敢为人先的创新精神和牺牲精神体现了海归群体的时代担当，也激励着更多海归以知识和本领为抗击疫情、助力社会发展奉献自己的力量。

在各类抗疫物资告急的消息传出后，欧美同学会第一时间投身于疫情防控的大军，发布倡议书号召海内外留学人员及留学人员工作者积极行动，抗击疫情。海归企业家们捐钱捐物，从海外采购国内紧缺物资，以最快的速度运送到疫情严重的地区。百度、携程、滴滴出行、美团等海归企业也在自己的领域助力抗击疫情。

此外，海归群体和海外华侨华人在反对"疫情歧视"和开展国际抗疫合作方面也做出了诸多努力。

笔者参加了第56届慕尼黑安全会议，曾与包括世卫组织总干事谭德塞、流行病防范创新联盟（CEPI）首席执行官哈切特等公共卫生领域专家，就如何更有效地控制疫情进行交流和探讨。新冠肺炎疫情已经成为全球性的挑战，战胜疫情更需要各国的通力合作，而这也意味着海归群体丰富的国际交流渠道和经验在关键时刻可发挥更大作用。

疫情面前，海归人才的价值再一次充分显现。但同时，我们也要看到此次新冠肺炎疫情暴露出我国在面对社会重大突发事件时还存在许多问题与不足。

第一，缺少公共卫生方面的人才，尚未形成一套专门应对重大公共卫生突发事件的方案。2003年的"非典"使我国积累了许多传染病防控经验，也对相关人才更加重视，但此次新冠肺炎疫情的暴发也暴露了我国仍然缺少公共卫生领域特别是传染病防控方面的人才。在应对疫情期间，虽然有关部门迅速反应，但仍然呈现出混乱的现象，这说明我国还没有形成一套成熟应对重大公共卫生突发事件的方案。这可能会引起在突发事件出现时民众的恐慌情绪，不利于社会稳定和经济的平稳运行。

第二，社会慈善体系存在弊端，效率低下，国际化程度不足。

在武汉等疫情严重的地区发出各类抗疫物资告急的信息后，社会各界纷纷献出爱心，但最初接收物资的有关部门缺乏对善款和物资的处理、分配能力，造成了资源浪费、社会舆论不满等不良后果，这也暴露出一些政府公职人员存在尸位素餐的现象，降低了政府公信力。

第三，目前针对新冠肺炎的特效药和疫苗尚未研制成功，加紧药物研发工作是彻底控制疫情的关键。按照世卫组织对新发传染病成功控制的标准，需要达到在最后一个病人治疗完毕后的两个潜伏期内（28天）没有新增病人，才可以宣布疫情完全结束。现在累计确诊病例仍在增加，因此急需加紧研制具有针对性的药物和疫苗。

第四，新冠肺炎疫情结束后，经济恢复仍是一大挑战。在抗疫期间采取的各种必要措施，如延长假期、延迟复工、社区隔离等，在防控疫情传播的同时也在客观上造成了巨大的经济损失，中小微企业承压大，可能造成大量人员失业等社会问题。虽然目前国内大部分地区已加速复产复工，但经济恢复仍面临较大挑战。2020年是"十三五"规划的最后一年，是全面建成小康社会目标实现之年，也是全面打赢脱贫攻坚战收官之年，对我国经济发展具有十分重要的意义。尽管这种经济上的困难可能是短期的，但如何做好疫情后的恢复工作仍然是我们需要迎接的重要挑战。

面对疫情带来的种种困难和挑战，我们一方面可以在国际人才引进和国际交流方面开展更多工作，另一方面，作为中国发展的重要创新力量，海归群体和海外留学人员、华人华侨群体可以通过多种方式彰显自身价值，为国家发展贡献更多力量。

第一，在人才引进方面，可以重点考虑引进公共卫生方面的国际人才。流行性疾病与一般的疾病具有不同的特征，其影响人群更大，会导致许多潜在的社会危机，不能将其视为普通的疾病。通过此次新冠肺炎疫情，可以看到：我国需要进一步引进和培养高层次的公共卫生及流行病学专家；引进相关领域的国际前沿科研人才，加强各个公共卫生学院的急性传染病（或新发传染病）的教学和科研工作；大力开展新发传染病的国际交流；等等。

第二，在疫情应对方面，需进一步推动国内慈善捐赠事业国际化发展，建立健全相关法律法规，监督慈善机构完善和优化捐赠流程，公开物资发放数据。目前，国内的慈善公益组织主要以政府管理为主，民间力量介入有限，与国际通用的体系差距较大。政府人员和预算有限，如遇紧急救灾事件，慈善机构便不足以应对，此次疫情也暴露出了现行体制中存在的弊端和不足。因此，在完善慈善公益组织管理机制的同时，还可鼓励国内外慈善机构进行交流与合作，提升我国应对突发性灾害事件的综合能力。

第三，针对疫情结束后的经济恢复问题，海归群体和海外留学人员、华人华侨群体可积极贡献自身力量，加速国家经济恢复。尽管遭受疫情冲击，但中国仍然有着雄厚的经济基础和巨大的市场消费能力。新出台的《中华人民共和国外商投资法》已于2020年正式实施，对中国营商环境的提升可谓一大利好，中国的市场经济建设不断完善，也更加开放。这些对海归和海外留学人员都意味着巨大的发展机会。

新冠肺炎疫情是2020年摆在中国人民面前的一个重大挑战，更是对中国经济的一次磨砺与考验。面对挑战，我们需要反思，发现不足，解决问题，吸取教训，积累经验，增强我们的能力。未来，我们期待更多的海归加入到祖国的发展建设中，彰显价值与担当。

（原载于《神州学人》，2020年第3期，有改动）

# 全球抗疫合作中的中国力量

随着新冠肺炎疫情在全球迅速蔓延，世界经济衰退几成定局。总部设在华盛顿的国际金融协会3月23日发布报告，预计今年全球经济将负增长1.5%，其中发达经济体将萎缩3.3%，新兴经济体仅增长1.1%。目前，已有60个国家宣布进入紧急状态，其中部分为"战时状态"或"战争状态"，十多个国家采取"封国"措施。

应对疫情带来的全球性危机，需要世界各国通力合作。本就为应对危机而生的二十国集团（G20）再次被寄予厚望。3月26日，G20以视频会议方式召开应对新冠肺炎疫情特别峰会并发布声明指出，各国决心全力以赴保护生命、保持工作岗位和人民的收入，向所有需要支持的国家提供帮助，并提出向全球经济注入超过5万亿美元资金。G20联合发声为国际合作抗疫及全球经济复苏注入了信心，相关举措的具体落实也将成为全球合作抗疫的关键。

中国疫情防控已取得阶段性成果，积累了丰富的经验。习近平主席在G20特别峰会上发表重要讲话指出，中国将加大力度向国际市场供应原料药、生活必需品、防疫物资等产品，为世界经济稳定做出贡献。疫情面前，任何人、任何国家都无法置身事外，避免全球性经济危机加剧，已成为国际合作的重中之重。世界多国处于抗疫攻坚战关键时期，作为世界第二大经济体，中国在国际合作抗疫中可以发挥更大作用。

中国社会力量可以向国际社会提供更多资金及抗疫物资等。中国疫情暴发时，多国企业、多个国际组织和海外华侨华人等民间力量，向中国提供资金、物资支援。当前，中国企业尤其是大型企业可以向国外捐赠抗疫物资，并通过增产、转产等方式，增强符合国际标准的防疫物资生产和采购能力。中国跨国企业及"走出去"企业大量捐款捐物、扩大防疫物资产能和提供技术支持，可在助力国际社会抗击疫情的同时塑造良好的品牌形象。社会组织及个人也可通过多种途径捐款捐物，为海外华人华侨及国际友人提供力所能及的帮助。

中国可与国际社会加强抗疫科研合作，促进大数据等新技术在全球抗疫中的创新应用与推广。中国在大数据、人工智能等新技术发展上具有优势，这些新兴技术产品的创新应用，在中国疫情防控阻击战中发挥了积极作用，如大数据在疫情监测分析、病毒溯源、防控救治、资源调配等环节起到了巨大的支撑作用。中国相关部门、互联网科技企业、电商平台等可推进与其他国家政府及企业的技术合作，为其他国家抗击疫情、维持社会运转等提供技术支持。

中国可对发展中国家包括"一带一路"沿线国家提供更多支持，帮助它们避免出现疫情大暴发。与发达国家相比，发展中国家在公共卫生基础设施、防疫物资生产能力及社会管理能力等方面相对薄弱，目前不少发展中国家的疫情处在窗口期，如能及时有效防控，当有机会避免大暴发。如果疫情在人口多、密度大且医疗卫生资源相对匮乏、社会管理能力相对不足的发展中国家大规模暴发，国际抗疫合作将更为艰巨，造成的危害损害将更为惨重。中国通过

G20、世界卫生组织等国际合作平台，向发展中国家提供援助并开展抗疫合作，同时可通过双边关系、地区国际组织，以及"一带一路"渠道，开展更多切实具体的支援及合作，向发展中国家提供抗疫经验技术、防疫物资及人员等支持。

中国支持世界卫生组织发挥协调中枢作用。可结合抗疫经验，为世卫组织提供大量数据、技术、人员、资金及物资等支持，与世卫组织专家合作研究疫情形势及防控方案，协助世卫组织推进全球性协同抗疫及物资调度等。可倡议并协助世卫组织举办世界卫生部长会议，就国际抗疫合作开展更充分的交流合作，就形成更有效的全球公共卫生应急预案及应对机制进一步开展研究与国际合作，助力提升全球公共卫生治理多边合作机制有效性。

中国可在稳定全球经济及推进G20国家协调国际宏观经济政策方面发挥更大作用。挽救世界经济已成为全球抗疫合作的第二战场，作为世界经济的稳定器之一，中国要继续实施积极的财政政策和稳健的货币政策，坚定不移扩大改革开放，放宽市场准入，持续优化营商环境，积极扩大进口和对外投资，积极促成国际社会协调宏观经济政策，维护全球汇率、金融市场及供应链稳定。

在全球化深入发展的今天，"人类命运共同体"不仅是理念，更是活生生的现实。在疫情造成的全球性危机面前，所有国家无法独善其身，无论贫富都无法置身事外，博弈思维与轻视态度只会酿成更大祸端。随着全球性挑战加剧，加强国际合作普遍化、机制化创新应用，已成为人类谋求生存发展的不二法门。

（原载于《北京青年报》，2020年3月29日，有改动）

# "逆全球化"倒行逆施是加剧疫情危机的主因

新冠肺炎疫情已成为人类进入21世纪以来面对的最严峻的全球性挑战。它不仅给各国人民的生命健康造成威胁，更影响了全球经济发展和国际政治格局。疫情的全球蔓延趋势在让我们对国家间的互相依赖有了更深刻认识的同时，也成为一些人士宣扬"逆全球化"的借口。而这些企图破坏多边合作的政治分裂言论可能比病毒本身还可怕。

新冠肺炎疫情揭示了全球化背景下各国命运与共的事实，也暴露出现存全球治理体系的脆弱性。从全球公共卫生治理到全球价值链，再到全球自由贸易秩序，疫情放大了这些全球体系中早已存在的缺陷——全球治理落后于全球实践发展。

全球化固然在客观上扩大了新冠病毒的传播范围，但并非造成这场全球危机的根本原因。然而，美国公然宣布停止资助世界卫生组织，并将本国政府抗疫不力归咎于世卫组织，推卸责任。在当下最需要国际合作的时刻，美国却因为现存治理机制的不完善就放弃全球化，选择倒退式发展，甚至利用疫情攻击他国，引发对抗，这显然不利于推进全球协同抗疫进程。

我们需要看到，在全球化的时代，没有一个国家可以成为孤岛。将新冠肺炎疫情造成的损失甩给中国，甚至要让中国"赔偿"的行为并不能让各国更好地抗击疫情，反而会加剧冲突与分裂，给抗疫合作增添阻碍。面对汹汹疫情，如果各国无法凝聚共识，那么就无法找到摆脱困境的根本方法。

在对新冠肺炎疫情认识方面，各国应尊重科学，推动国际科研合作加快疫苗研制，而非轻信甚至宣扬各种"阴谋论"。根据专家推测，目前距离疫苗的成功研制和大批量投产使用还有一段时间。在恐惧和各种不确定性的催生下，各种"阴谋论"层出不穷，但是这些猜测和想象不仅没有事实依据，还往往违背科学常识，而借由"阴谋论"破坏国际抗疫合作更是用心险恶。对此，我们应保持理性，尊重科学，加强国际科学合作。

在加强多层次国际合作方面，各国应携手抗疫，创新全球公共卫生治理体系。中国作为一个负责任的大国，已经先后向伊拉克、塞尔维亚、柬埔寨、巴基斯坦、老挝、委内瑞拉等发展中国家援助了大量的抗疫物资、医疗队伍和技术人员。此外，据外交部不完全统计，截至目前，中国同东北亚、南亚、中东欧、非洲、拉美和加勒比及南太平洋等地区的100多个国家以及东盟、非盟、上合组织、加共体等国际组织举行了上百场专家视频会，开展经验交流，提供抗疫经验参考。中国在全球抗疫中展现出来的积极的合作精神是中国支持多边主义，推动全球化朝着更包容、更公平方向发展的生动体现。

在推动疫后世界经济恢复方面，各国应加强区域合作，利用一体化发展缓冲疫情造成的经济影响。以东亚地区为例，受疫情影响，中国、日本和韩国也出现了不同程度的经济下降。在抗疫过程中，三国人民彼此展现出的互助情谊为疫后国家合作奠定了良好基础，而且中日韩三国之间存在紧密合作，在价值链分工上也具有互补优势。因此，中日韩三国更应抓住疫情期间出现的窗口机遇，加速东亚一体化进程，达成自贸协定，推动三国早日走出疫情造成的危机，更为全球经济发展注入活力。

从长期来看，我们还需开展多渠道沟通交流，防止中外"脱钩"。当下，新冠肺炎疫情已经成为一些人士挑拨中外合作的借口，其政治化、标签化疫情的行为人为地给全球抗疫合作制造了政治障碍，也加剧了"脱钩"风险。对此，我们更应加强中外交流，搭建多层次的沟通渠道，一方面更好地向国际社会讲述中国为推动国家抗疫合作付出的各种努力，另一方面也要了解国际社会对中国发展的想法与思考。要通过正面交流化解矛盾、消除猜疑、提升互信，莫让"逆全球化"的倒行逆施成为压垮全球化的"稻草"。

（原载于《前线》，2020 年 5 月 13 日，有改动）

# 中美民间力量是推动两国抗疫合作的生力军

新冠肺炎疫情这场全球公共卫生危机为人类敲响了国际合作的警钟。面对疫情，中美两国既是受到严重影响的两个国家，更是推动国际抗疫合作的关键力量。尽管两国关系存在许多挑战，政府间接触交流也因此有着诸多限制，但中美两国人民却显示出了精诚可贵的合作互助精神，不仅极大地推动双方共同遏制疫情，更为两国未来开展友好合作奠定了重要基础。

疫情出现后，中美两国学者对两国加强抗疫合作发出了强烈呼声，双方学者的三封公开信发出了遏制全球疫情需要中美两国搁置争议全力合作的理性声音。中美两国友好省州和友好城市作为联系两国民间外交的重要渠道和桥梁，在此次抗疫合作中也发挥了重要作用，双方通过捐赠抗疫物资、发送慰问声援、分享抗疫经验等方式，在彼此最需要的时刻雪中送炭。而中美两国企业也是参与两国民间抗疫合作的主力军。据统计，截至2020年2月17日，就有103家美国企业对华捐款捐物，总额达5.38亿元人民币。而当美国疫情形势严峻后，中国企业也尽己所能，或捐助物资，或利用专业服务抗击疫情。例如，福耀集团、华为等中国企业向美国捐赠了大量物资，阿里巴巴、腾讯等互联网企业则利用其互联网技术优势搭建线上平台支持中美及全球抗疫。

此外，中美两国的智库、高校、非政府组织等民间机构都在积极行动，为两国面临疫情威胁的民众提供帮助。近日，全球化智库在中国对外友好协会和中国友好和平发展基金会的支持下发布了研究报告《中美民间抗疫合作分析——现状、挑战及展望》。报告对中美民间抗疫合作进行了相对全面的总结分析。在报告发布研讨会中，中国美国商会会长毕万伦（Alan Beebe）指出，美国在华企业给中国捐助的物资及款项超过了6亿元人民币。这充分显示它们在中国发展多年以来建立的深厚感情，以及美国商界希望与中国继续合作的诚意。

的确，中美两国关系在大国博弈中愈加复杂，更受到逆全球化趋势、全球治理机制落后和全球价值链"脱钩"等因素的影响。而中美民间合作也因此面临更大挑战。

但我们需要看到的是，面对新冠肺炎疫情和未来可能出现的公共卫生危机，以及气候变化、经贸投资、移民流动、粮食安全等领域存在的全球性问题，中美两国不应囿于自身利益，而应用发展的思维凝聚全球多边合作力量。

首先，中美抗疫合作还应进一步加强，不仅应注重抗击疫情本身，更应合力推动疫后世界经济恢复。新冠肺炎疫情带来巨大的经济冲击，据国际劳工组织估计，2020年第二季度全球工作时间减少了14%，如果以每人每周工作48小时计算，相当于单个季度损失了4亿个全职工作岗位。而世界银行警告说，全球新冠病毒大流行及其造成的经济停顿可能使6000万人陷入"极端贫困"。中美两国作为全球价值链上的关键两环，应主动承担国际责任，维护全球价值链稳定。

其次，在推动疫后世界经济恢复方面，中美企业作为两国经贸往来的实际主体应继续加强商业合作。疫情期间，中国宣布了一系列开放政策，如出台《外商投资法》、建设海南自贸港、进一步缩减负面清单降低关税等。中国的持续开放政策和包括4亿中产收入家庭的巨大消费市场为世界经济复苏提供了重要机遇。中美企业应把握机遇，发挥互补优势，成为推动疫后世界经济发展的"领头羊"。

最后，中美两国民间机构、团体和个人应主动参与中美交流，利用自身力量为中美友好发展做贡献。目前，尽管世界疫情蔓延速度已经趋缓，但各国之间仍存在众多人员流动限制。而中美两国之间的分歧更使两国人员友好沟通面临阻碍。对此，中美两国在加强高层接触的同时，还应保障民间交流渠道畅通，并鼓励更多民间机构和个人投身中美民间交流事业，自下而上带动中美两国关系转圜。

"病毒没有国界，也不区分种族、肤色和财富。"面对人类共同的敌人，搁置争议、加强合作是中美两国实现自身发展和推动全球经济复苏的更优选择。作为推动两国抗疫合作的生力军，中美民间应继续发挥作用，传递友谊和善意，持续推动两国多领域合作发展。

（原载于"中美聚焦"，2020年7月13日，有改动）

# 新冠肺炎疫情为全球治理体系革新注入"催化剂"

新冠肺炎疫情在全球引发了巨大的公共卫生和经济危机，也促使各国领导人开始反思全球多边治理机制的现状，成为推动全球治理体系改革和创新的"催化剂"。

## 全球治理　挑战重重

联合国，这个成立了75年之久，维护人类和平和可持续发展的全球性机构，在应对全球大流行病方面能发挥的作用却有限，其自身改革也陷入艰难境地。在国际格局发生巨变的21世纪，联合国应对挑战的能力及其权威性备受质疑。

世界卫生组织作为联合国下属负责公共卫生的专门机构，在面临疫情全球大流行时，本应是协调国际资源，主导疫情防控的核心机构。然而，它却缺乏调动全球资源的能力，甚至成为一些别有用心的人"甩锅"的对象。

疫情的全球蔓延令国际自由贸易体系也受到冲击。疫情期间，许多国家为了保障国内医疗设备和食品等物资的供应而出台了出口禁令，并提高关税和非关税壁垒。这些举措尽管在当下是可以理解的，但如果长期延续，甚至呈现常态化，世界经济就会滑向贸易保护主义的深渊，而贸易是疫情过后世界经济复苏的关键引擎。对此，各国需要共同努力，不断降低关税和非关税壁垒，维护自由贸易体系。

在疫情给世界经济带来的各种冲击中，最令人感到忧虑的是它对全球价值链的破坏。过去几十年里，全球价值链已经将世界各国紧密地联系在一起，让各国在全球贸易中提升生产效率，不断创造财富。在这一过程中，国家之间的相互依赖也加深了。

然而疫情暴露了全球价值链的脆弱性，逆全球化思潮日益抬头，一些国家要求关键产业回流的呼声也更加高涨。

不过我们需要看到，全球化发展至今，从根本上是市场经济规则推动的结果。全球化不仅体现在国际贸易，还体现在政治、制度和文化等多个层面，世界各国之间已经建立了千丝万缕的联系。在这种背景下，完全"脱钩"显然并不现实，也不会给各国带来更多好处。而出于对成本的考虑，各国在很大概率上并不会真正将工厂迁回本国。

尽管大规模"脱钩"的可能性很小，但为了防范未来可能出现的其他危机，我们仍需找到平衡成本和风险的对策，使全球价值链更具韧性和包容性。推动区域一体化发展就是实现这一目标的重要途径之一。

## 多边合作　共克时艰

全球危机早在新冠肺炎疫情出现前就已经存在，全球治理体系的落后在一定程度上正是使这些危机愈发严峻的原因。而疫情这一全球灾难则为各国提供了一个重要契机——加强合作，共同推动全球治理创新。

面对当下的挑战，国际社会应积极开展多边合作，提出创新全球治理体系的方案。比如，各国应推进世界贸易组织改革，维护国际自由贸易秩序；再比如，设立新的国际机构，专门负责解决人才流动、技术交流、跨国企业监管等新问题。

国际货币基金组织预测，2020年，全球GDP将萎缩3%。而世贸组织的数据显示，2020年全球贸易额可能减少13%至32%。无疑，我们将面临比2008年全球金融危机更糟糕的境况。

国际社会需要携手行动，及时有力地促进经济复苏。短期内，二十国集团（G20）等多边机制应发挥更大作用，比如，G20可以设立秘书处，协调各成员国制订会议议程，促使各方相互配合，形成合力。

而长远来看，"一带一路"倡议也将为推动全球治理体系完善，拉动疫情后经济发展注入新的活力。在投资方面，除了公路、铁路、港口等传统基础设施建设外，以技术创新为驱动，以信息网络为基础的"新基建"也是推动国际合作的重要潜在领域。我们应鼓励更多国家参与到"一带一路"合作中，并加强其与亚投行、世界银行等多边开发银行的合作，进一步推动"一带一路"多边化发展。

最后，我们还应重视人类面临的其他诸多迫在眉睫的全球性挑战，如气候变化、环境污染等。现在这些问题似乎被疫情所掩盖，但不要忘了，环境的变化可能导致生物习性改变，从而增加传染病流行的可能性。各国在气候和环境治理方面加强合作，就等于是在降低未来疫病暴发的潜在风险。

新冠肺炎疫情是人类共同面临的巨大挑战，各国应加强合作，共筑未来。随着中国在国际社会中的作用日益凸显，中国有能力、有责任促进和引领全球治理体系改革，推动各国走出当前困境，构建一个更加包容、平衡的全球化。

（原载于"中国日报网"，2020年6月4日，有改动）

## 疫后全球治理创新需加强多边合作

2020年4月29日，博鳌亚洲论坛举行线上会议，《地球是平的》一书作者托马斯·弗里德曼、哈佛大学肯尼迪政府学院前院长约瑟夫·奈、长江商学院创办院长项兵和笔者等中外学者围绕"疫情下的全球化"展开对话讨论。

新冠肺炎疫情如一面镜子，映射出现存全球治理机制存在的不足。这一点首先表现为联合国体系在应对全球疫情中作用有限。作为"二战"后维护世界和平的核心治理机制，联合国是现存全球治理体系的重要支柱，在历史上多次国际危机的应对解决中发挥了重要作用。近年来，联合国的权威性和号召力有所下降，机构臃肿和成员方之间利益冲突等因素，逐渐使联合国有些力不从心。

世界卫生组织作为联合国下属的专门机构是凝聚全球力量共同抗疫的中心力量。但我们缺少一个更具有约束力的全球公共卫生紧急事件应对机制也在一定程度上导致了疫情的全球暴发。然而，世卫组织存在的局限性只是联合国需要改革创新的一个侧面，安全理事会制度、秘书处透明机制、发展筹资方案等都是联合国改革未来面临的挑战。

疫情对国际自由贸易秩序造成了严重冲击。一些国家为了优先保护本国民众而限制医疗物资、粮食和其他货物的出口，全球贸易受疫情影响可能会出现大幅下降，但当疫情过后，贸易仍然是推动全球经济发展的主要驱动力。这也意味着，各国需要付出更多努力恢复和维护国际自由贸易秩序，降低关税和贸易壁垒。

疫情期间，全球价值链显露出的脆弱性也引起了各国关注。全球化发展至今，产业链、供应链和价值链已经将各国紧紧连接在一起，疫情引发了各国对自身产业布局的风险和成本两者之间平衡点的新思考。虽然"全球脱钩"这种倒退式发展成为现实的可能性很小，但区域化发展很大程度上将成为疫情过后"三链"重组、产业转移重新布局的趋势。

疫情让全球治理面临的挑战更加凸显。从制度主义的角度来看，新冠肺炎疫情作为一场全球性危机，在暴露全球治理体系不足的同时，客观上也为全球治理创新提供了契机。疫情过后，面对各种尚未解决的挑战，各国更需要加强多边合作，创新全球治理机制和体系，通过制度改革推动世界经济恢复。

在政府层面，各国可通过二十国集团（G20）等多边合作机制，合力推动疫后经济恢复。日前，G20举行贸易投资工作组应对新冠肺炎疫情特别视频会议，对此前G20领导人特别峰会通过的联合声明进行深入讨论。G20具有的多边合作精神和对各国的协调能力，将继续推动世界经济从疫情阴霾中走出。建议随着疫情发展及其变化，G20领导人峰会可在关键节点多次召开，把握引导全球抗疫和恢复世界经济的工作方向。G20卫生部长会议、贸易部长会议、农业部长会议等专门会议也应适时召开，以落实G20领导人峰会达成的共识。

各国应继续推动联合国体系改革，特别是在出现全球危机之时，应加强联合国应对紧急事件的能力。日前，联合国安理会五大常任理事国首次召开视频会议探讨共同抗疫，发出了多边合作遏制全球疫情的积极信号。联合国还可每年固定召开卫生部长大会、贸易投资部长大会等专门会议，加强联合国成员国之间的合作，推动疫后世界经济恢复，对未来可能出现的全球公共卫生事件做出更优预案。此外，联合国安全理事会制度、秘书处透明机制、发展筹资机制等都亟须改革创新，这些也是联合国改革未来面临的挑战。

作为世界上最大的两个经济体，中美两国合作对全球抗疫和发展经济至关重要。约瑟夫·奈在博鳌亚洲论坛线上对话中提出，中美两国应加强合作，共同应对未来可能出现的新一波大规模疫情蔓延。笔者认为，中美两国在抗击疫情中可以获得更多合作动力，这种动力在疫情过后应继续保持。欧洲也应扮演重要角色，形成中美欧三方合力，推动构建更加包容和公平的全球化体系。

在社会层面，各种研究机构、智库等民间力量应积极参与全球治理创新讨论，发挥民间外交凝聚多边力量、完善双边多边关系的重要作用。智库作为政府决策的智囊团，应积极开展"二轨"交流，搭建沟通的桥梁，凝聚国际共识。中国智库应积极走向国际舞台，在有关全球治理创新的讨论中发声，协助政府在推动和完善全球治理中发挥更大作用。

在个人层面，尽管个人特别是普通人力量有限，能发挥的作用或许也是微弱的，但这并不意味我们不需要做出努力。新冠肺炎疫情让每个人都看到，我们不仅是自己国家的公民，也是"全球公民"，不但要履行作为中国公民的责任，也要尽到作为"全球公民"的义务。具体而言，就是要顺应中国深度融入全球化的大势，力所能及实现自身的国际化发展，并以公民之力参与国家的全球化发展,助力国家参与全球治理创新。

新冠肺炎疫情造成的全球危机,是灾难更是警醒。面对挑战,逃避责任、指责推诿都不能解决问题,"脱钩"等倒退式做法更无法推动世界经济走出危机。各国须展现积极的多边合作精神,协调行动形成合力,推动全球治理机制改革创新,努力构建人类命运共同体。

(原载于《北京青年报》,2020年5月3日,有改动)

# 不能让贸易壁垒成为病毒"保护伞"

新冠肺炎疫情带来的恐慌放大了贸易保护主义，全球市场供需不平衡问题日益严峻。2020年3月30日晚，二十国集团（G20）贸易部长应对新冠肺炎特别视频会议举行，会后发表声明表示，应采取开放的经贸政策，降低疫情对全球供应链的冲击。

抗击全球疫情需要全球合作，各种关税和非关税壁垒不能成为病毒的"保护伞"。推动贸易自由化，保障各种抗疫物资、食品和生活物资全球供应均衡，对遏制全球疫情至关重要。4月1日，笔者所在的全球化智库举办"疫情下的中国和世界"系列网上研讨会第三期"应对全球疫情：跨国公司的角色"，多位外国商会主席和相关专家参与研讨。大家一致认为，各国应降低各种贸易壁垒，加强抗疫协同配合。

国际贸易在全球资源调配中发挥着不可替代的作用。目前，疫情全球蔓延造成的美国、意大利等多国医疗物资紧缺仍未缓解。中国商务部部长钟山在G20贸易部长会议上建议，各国应加强防疫物资国际合作，共同保障各国人民和医务人员的生命健康。抗击疫情应摆在各国工作首位，如果因为贸易壁垒而使全球防疫物资无法顺畅流通，客观上无异于助推病毒扩散。

不仅是医疗物资，疫情期间的粮食等生活基本物资供应短缺也令人担忧。去年以来，全球各种自然灾害不断。澳大利亚持续月余的大火、东非拉响的蝗灾警报，以及疫情暴发后多国颁发粮食出口禁令，不能不引起高度警惕。

从历史经验和相关研究看，提高关税、设置贸易壁垒并非解决全球物资供需不平衡的良策。相反，由于乘数效应，商品价格反而可能上升。研究指出，2008年全球出现粮食价格危机的重要原因之一就是多国政府对85种食物商品出台禁止出口令。

从现实角度看，无论是医疗资源短缺还是粮食短缺，受到最大伤害的还是疫情中最需帮助支援的发展中国家。如果不采取有效措施，疫情期间的关税和非关税壁垒等贸易保护主义手段，以及逆全球化思潮，在疫情结束后还可能继续作怪。一旦经济全球化出现倒退，全球经济不但难以恢复，还可能引发新的未知风险。因此，各国需要以长远眼光开展抗疫合作，推动贸易自由化发展。

第一，支持世界贸易组织（WTO）参与全球抗疫协调，推动各国在疫情期间降低相关抗疫医疗物资的关税和非关税壁垒。WTO总干事阿泽维多3月25日发表视频讲话指出，贸易在抗击疫情中发挥着重要作用，能够保证高效生产和供应基本生活用品和服务、医疗用品和设备、粮食和能源。WTO尽管存在亟须改革的问题，但仍在推动全球贸易自由化、减少各种贸易壁垒过程中发挥着不可替代的作用。

第二，充分发挥G20合作机制的协调作用，同步采取宏观经济政策组合抵御全球经济风险。日前，G20主席国沙特阿拉伯主持召开的财长与央行行长视频会议同意，尽快制订《G20应对新冠肺炎行动计划》；G20贸易部长应对新冠肺炎特别视频会议发表的声明提出，加强全球合作减轻疫情对贸易的影响。这些都是G20真正体现其振兴全球经济作用的实际行动，未来还须迈出更坚定的步伐，推动疫后世界经济恢复。

第三，加强中美合作，继续推进中美经贸谈判。作为在此次疫情中受到重大冲击的国家，中美两国应有充足的合作动力，主动就疫情之下双方履行中美经贸第一阶段协议各自义务的具体方案进行协商。因某些分歧而拒绝合作，不能给两国带来任何益处，中美两国通过合作抗疫凝聚更多共识，有利于推动后续的中美经贸谈判，维稳全球自由贸易秩序。

全球抗疫挑战呼唤全球抗疫合作，这种合作不应仅流于表面，更应落到实际行动。设置贸易壁垒、关闭边界、推行保护主义只会加剧全球抗疫物资供求不平衡，抬高全球物价，放大恐慌情绪。全球抗疫需要推动自由贸易，而且疫情结束后，全球贸易合作的步伐也不能停下，各国须付出长期艰苦努力，共同构建经济全球化新秩序。

（原载于《北京青年报》，2020年4月5日，有改动）

# 全球抗疫合作　WTO应发挥更大作用

日前，世界贸易组织（WTO）总干事阿泽维多和世界卫生组织（WHO）总干事谭德塞发表共同声明强调，WTO和WHO将携手努力确保重要医疗物资等抗疫产品和服务正常跨境流动。这在贸易保护主义、封闭主义等逆全球化趋势加强的背景下，为全球抗疫合作发出了重要的积极信号。

随着全球疫情发展形势变化，在遏制疫情扩散蔓延的基础上，尽可能减少疫情造成的损失，推动世界经济全面恢复，需要各国的共同努力。作为维持全球物资供求平衡的重要途径和刺激世界经济发展的强大动力，国际贸易在全球抗疫合作中扮演着不可替代的角色。

然而，在疫情期间，一些国家为保障本国供应而限制医疗物资出口；一些国家之间因为医疗产品标准不相同，而无法使疫情严重区域及时获取医疗物资；一些国家因为疫情造成恐慌情绪而禁止粮食出口。此外，各种隔离措施导致了人们消费需求下降、国际物流阻断和产业供应链被破坏，国际贸易受到很大阻碍。WTO在最新发布的报告中预测，2020年全球贸易可能下降13%至32%，或将超过2008年全球金融危机对贸易造成的影响。

尽管如此，每次全球危机出现后，贸易都是推动世界经济恢复的重要力量，这次也不应例外。如何遏制保护主义、减少贸易壁垒和刺激消费需求，让贸易在全球抗疫合作中发挥更大作用，显得尤为重要。

在全球化智库（CCG）近期举办的"WTO在全球抗疫合作中的角色"线上主题研讨会上，世贸组织前总干事、巴黎和平论坛主席帕斯卡尔·拉米，世贸组织副总干事艾伦·沃尔夫，亚洲协会政策研究所副所长、美国前副贸易代表温迪·卡特勒，世贸组织上诉机构前首席法官詹姆斯·巴克斯，美国卡托研究所贸易政策研究中心主任丹尼尔·伊肯森，CCG高级研究员霍建国，CCG特邀高级研究员屠新泉和李永等国际贸易研究领域专家，对如何推动WTO改革，使之更有力维护全球自由贸易秩序和推进全球抗疫合作等话题进行研讨。多位专家认为，新冠肺炎疫情是一场全球性灾难，抗疫也应成为全球合作的巨大动力。

从2001年"多哈回合"谈判开始，WTO改革就陷入了困境。一方面，WTO秘书处需要在推动改革过程中扮演更有力量的角色；另一方面，由于WTO决策规则的特殊性（所有决策必须164个成员方全部赞成才可以通过），WTO改革也需要各成员贡献更多力量。

各国应遏制疫情期间本国贸易保护主义上升的势头。疫情造成的恐慌可能造成贸易保护主义抬头，各国需要清醒地看到，贸易保护主义不能帮助本国走出疫情投下的阴影。疫情期间，WTO可以从抗疫所需的各种药物和医疗器械开始进行分领域谈判，对这些抗疫物资实现零关税待遇，保证全球医疗物资供求平衡。

WTO改革需要国际领导力，这种领导力的来源是164个WTO成员方。中美两国作为世界最大的两个经济体，贸易量在全球占比超过五分之一，应积极承担大国责任，合作维护 WTO 权威，稳定全球自由贸易秩序。这也意味着，发展中国家和发达国家需要找到利益平衡点，做出必要的妥协和让步。

在疫情反衬下，WTO 电子商务谈判的重要性更加凸显。疫情让许多线下交易陷入停滞，网络零售、网上教育、远程办公、网络会议、网络医疗等互联网经济，成为疫情期间避免经济完全停滞的压舱石。但是，WTO 在电子商务方面的规则规定并不完善，在疫情推动电子商务加快发展的情况下，WTO 电子商务谈判的任务愈显紧迫。各国需要建立更好的规则，让电子商务成为拉动世界经济增长的力量，也需要未雨绸缪，减少电子商务方面潜在的国际争端与冲突。

各国需要重新审视 WTO 农业改革。农业改革是 WTO 改革中最关键而又难以推动的部分，"多哈回合"谈判失败就充分说明了这一点。现在，新冠肺炎疫情和多种自然灾害叠加引发的全球粮食风险，又让人们意识到农业改革的必要性和紧迫性，各国对农业问题谈判的意愿相对上升。各国应尽快开启相关谈判议程，力争取得一定实质进展。

WTO 秘书处应在改革推进过程中发挥更多作用，包括协调成员方之间的协商与谈判、整合成员方方案拿出更优改革日程、推进相关议题讨论进程等。在 WTO 改革过程中，秘书处与成员方的配合和决策平衡十分重要，各国需要从长远角度出发，与 WTO 协调配合，减少 WTO 改革面临的各种阻力。

新冠肺炎疫情是贸易保护主义的天然催化剂，抗击疫情需要各国保持开放，这个矛盾并非不可调和。从本质上来看，改革 WTO 是维护国际自由贸易秩序的路径与方法，面对疫情，我们更需要的是国际多边主义合作精神。合作并非意味着牺牲少数群体的利益，而是寻求集体利益最大化，在个体利益之间找到合适的平衡点。只有开放合作，各国才能早日走出疫情阴霾。

（原载于《北京青年报》，2020年4月26日，有改动）

# 疫情之下,国际社会需携手应对气候危机

随着全球疫情形势逐渐趋缓,气候变化对人类社会可持续发展带来的威胁重新回到了公众的视野。2020年6月9日至10日举办的全球智库抗疫合作云论坛上,世界贸易组织前总干事帕斯卡尔·拉米等多位中外嘉宾都强调,国际社会不仅应合作应对疫情带来的各种挑战,也应吸取经验与教训,对同样迫切的气候问题立即采取行动。

新冠肺炎疫情让各国愈发意识到人类是一个命运共同体,日益严峻的气候问题也让各国深切认识到,应对气候危机是摆在人类命运共同体面前的又一场严峻大考。

气候问题和新冠病毒一样没有国界和种族之分,并且它给人类带来的威胁同样致命。近年来,全球极端天气接连不断。仅在2019年中,人类就见证了欧洲史上最强"热浪"、多次龙卷风和飓风危害、澳大利亚森林大火和亚马孙森林大火等气候变化带来的自然灾害。这些灾难给人类社会造成了重大经济损失,无情地夺去了成千上万人的生命。

疫情期间,气候危机不仅没有消失,反而在酝酿发酵。6月9日,联合国秘书长古特雷斯发布《新冠肺炎疫情对粮食安全和营养

的影响》指出，自然灾害、气候变化等因素，在疫情出现之前就让全球粮食系统告急。在疫情蔓延的同时，全球多个区域发生虫害、干旱和洪水。中国目前全面进入汛期，已有148条河流发生超过警戒水位以上的洪水，珠江流域西江和北江均发生今年第1号洪水，局部地区发生了洪涝灾害。

如果气候问题不能得到有效控制，全球粮食安全将面临更大威胁。

全球气候变暖可能造成未来病毒全球大流行。麦肯锡最近发布的报告《后疫情时代下的气候变化》指出，主流研究共识认为气候危机将加大公共卫生威胁，如全球变暖将增加虫媒传染病传播概率，动物栖息地破坏会增加传染病交叉感染和变异的风险。

疫情发生后，全国人大审议并通过了《关于全面禁止非法野生动物交易、革除滥食野生动物陋习、切实保障人民群众生命健康安全的决定》，从法律上加强对人民群众和自然环境的双重保护。经过疫情的冲击，中国更加重视与自然和谐相处，未雨绸缪，加强防范未来出现野生动物将携带病毒传给人类引起疾病大流行的风险。

此外，气候问题还可能会像疫情一样沦为国际竞争的"武器"，助长逆全球化潮流。温室气体是引起全球变暖的重要原因，而降低碳排放则是缓解"温室效应"的必要做法。然而，对一些国家来说，降低碳排放意味着工业生产成本的增加和产品出口价格优势的降低。美国退出《巴黎气候协定》并重启化石燃料开采计划，重要原因之一就是特朗普认为这一协定对美国形成了"不公平的经济负担"。更糟糕的是，气候问题还可能加剧国家对低碳技术垄断等不利于国际多边合作的现象，令本就发展乏力的全球治理雪上加霜。

上述种种情况，可能使处于全球化劣势的广大发展中国家遭受更大的伤害。

新冠肺炎疫情已经为人类敲响了一记警钟。面对气候危机，各国采取积极的态度和做法，对人类实现可持续发展目标至关重要。

对国际社会来说，各国应从疫情中吸取经验和教训，加强多边合作应对气候变化这一人类共同的挑战。去年12月召开的第25届联合国气候大会上，各国未能就碳交易市场机制与合作达成一致，未能使大会取得实质成果。第26届联合国气候大会因新冠肺炎疫情延至2021年11月召开。在这一主要全球气候治理机制处于"瓶颈"时，各国更应主动地开展交流对话，凝聚共识，并积极承担国际责任，以长远的发展眼光应对气候变化带来的挑战。

在国际合作中，中美两国的作用十分关键。尽管两国关系中存在众多挑战和波折，但面对人类共同的危机，两国应抛弃零和博弈的竞争思想，为减缓气候变化、减少气候灾害贡献力量。中国政府可加强与美接触，通过政策引导鼓励两国企业互补优势，在低碳产业领域深入合作。中美企业、智库和科研机构等民间主体也应通过民间交流的方式，自下而上推动中美在气候和环境方面的技术研发与产品应用提升合作。

对中国来说，作为世界第二大经济体，也是世界碳排放量最高的国家之一，我们更应担当起大国责任，为推动全球气候治理创新发展贡献力量。近年来，中国在可再生能源领域的地位逐渐提升，但与美国、欧洲和日本等国家和地区相比，仍然存在一定差距。我国可进一步推动能源结构向可再生能源转型，并注重技术创新和质量提升，避免粗放式发展。在实现自身技术进步的同时，中国应与其他发展中国家分享低碳技术，加强清洁能源和可再生能源的研究与应用合作。

　　气候变化与人类生存息息相关，影响着全人类的共同福祉。疫情终将结束，但疫情给人类带来的警示不应被忘却。面对接踵而至的气候挑战，各国应秉承合作精神，着眼于长远，大力提高危机意识，诚意善待自然，携手走向可持续发展的未来。

（原载于《北京青年报》，2020年6月14日，有改动）

## 辑二

# 贸易秩序：国际组织的挑战与新变是什么

# WTO的历史困局与变革之路

在过去20多年里，世界贸易组织对世界、各国经济发展有着举足轻重的作用，成为全球化迅猛发展的主导推动力。但近年来，随着发展中国家与发达国家分歧加大、"多哈回合"谈判受阻，WTO发展进入停滞期，处于改革与转型的重要关口。在未来的改革中，WTO要重申其基本规则与精神，即倡导市场开放和公平贸易来实现商品的自由流通；在WTO贸易争端解决机制层面上，打破大法官遴选程序的僵局；用诸边协议来代替多边协议，以提高谈判效率和执行力度；尽量将美国限定在WTO的框架之内；充分考虑发展中国家的诉求与承受能力，努力寻求分歧双方的共赢点；中国则应加快从政府采购协议（GPA）观察员转为成员，进一步发挥作为贸易大国对世界经济的作用。

世贸组织作为现有国际经贸体系中的"元老"之一，成立于1995年，自1996年取代关税与贸易总协定（GATT）到现在已有22年。被称为"经济联合国"的世贸组织涵盖了货物贸易、服务贸易以及知识产权贸易。在过去20多年里，对世界、各国经济发展有着举足轻重的作用，成为全球化迅猛发展的主导推动力。但近十多年来，由于前面提到的原因，WTO发展进入一个停滞期。

尤其是美国特朗普政府上台后，面对WTO谈判僵局，美国采取了消极的态度，逐渐放弃多边谈判，转而依靠双边谈判解决经贸问题。美国总统特朗普更是经常威胁要退出WTO。这一在"二战"后确立的以消除贸易障碍、倡导自由贸易为指导精神的全球贸易体系面临前所未有的挑战。不仅如此，除了无法推进新的谈判进程，目前其现有的争端解决机制也面临严重挑战，中美贸易争端本可以在WTO的框架内通过谈判、申诉等方式解决。但近期愈演愈烈的中美经贸冲突清楚地说明了WTO这一重要功能也已经无法有效运转了。

除了上述固定进程发展受阻之外，面对近年来新的世界经济形势，WTO也未能够有效跟进。它忽略了当今世界如火如荼发展的数字经济。由于仅仅关注货物贸易和关税等传统贸易问题，进而未能够将信息、数字化等代表的新兴议题纳入贸易框架中。显然WTO在与时俱进上依然落后于全球经济发展的现实。

尽管WTO目前遇到了一系列问题，但我们看到无论是发达国家还是发展中国家都没有想完全抛弃这一体系而另起炉灶。即使强硬如美国总统特朗普也是屡次威胁而未见其真正将"退群"付诸实施，这更多是特式"交易艺术"的体现。除了目前的WTO的原则和框架仍然被全球认同外，WTO本身在历史和当下的作用还没有任何机构能够替代。WTO的发展历程告诉我们，世界贸易的发展、全球多边贸易机制的正常运营仍需要它来继续发挥作用。

那么，未来WTO改革的出路在何方？我们试着从宏观的原则层面和微观的技术层面提一些看法和建议。

第一，WTO要重申其基本规则与精神，即倡导市场开放和公平贸易来实现商品的自由流通。当前WTO面临最迫切的一个挑战是成员方大搞单边主义，不再遵守WTO基本规则。美国更是经常以"国家安全"为由大搞贸易威胁和关税战，严重损害了WTO的威信和凝聚力。

第二，中国可以加快从政府采购协议观察员转为成员。进一步发挥作为贸易大国对世界经济的作用，更大程度地践行入世的承诺。在2018年的博鳌亚洲论坛上中国领导人前所未有地给出了进一步扩大中国开放大门的具体政策细节，这表明了中国将以前所未有的力度来践行自由贸易这一世贸组织的精神。

第三，在WTO贸易争端解决机制层面上，当务之急是打破大法官遴选程序的僵局。由于美国一直阻挠新法官的任命，目前WTO的贸易争端裁决机制基本处于瘫痪状态。另外，一些裁决超出WTO现有规则的范围、陈述与裁决的篇幅过多、案件审理时间过长等问题也给解决贸易争端带来了很多问题。比如2002年，小布什政府对钢铁进口关税上调，欧盟、日本、韩国、俄罗斯联手申诉到WTO，美国最终败诉，且小布什也宣布取消钢铁税，但这场诉讼花费了两年多的时间，美国的涉案钢企则因此实现了扭亏为盈。

第四，WTO的"完全协商一致"原则需要改进程序，可以用诸边协议来代替多边协议，以提高谈判效率和执行力度。当前由于各个成员方之间的诉求差距不断拉大，而且谈判也已经到了触及"核心和敏感利益"阶段。尤其是发达国家与发展中国家间在农业问题、服务贸易问题、知识产权技术转让等问题上的矛盾日益尖锐化，原来需要成员方一致通过的方式很容易导致一个僵局出现。

为此，可以把一些区域性谈判的方式，包括TPP、RCEP等一些规则纳入其中，WTO未来应对"协商一致"的原则进行改革，可以用多种谈判方式进行，如双边、多边、诸边谈判的方式，以增强WTO的可持续发展能力和吸引力。

第五，各国要尽量将美国限定在WTO的框架之内。WTO的体系对包括美国在内的全球各国都是有益的。如果美国单独退出这个体系，放弃多边贸易谈判转而寻求双边谈判，那么短时间内美国将失去世界上100多个贸易成员方给予的最惠国待遇。目前与美国有双边自由贸易协议（FTA）的只有14个国家，而且这些国家还不包括美国一些大的贸易伙伴比如欧盟、日本和中国。因此美国也不会轻易退出。

此外，WTO改革需要有明确的改革时间表与团队，并需要有相关的配套测试和标准来检验。为更好地推动WTO的改革进程，WTO各成员应采取更具开放性和鼓励性的态度对待改革。

同时由于成员方数量众多并时常很难达成共识，应由代表发达国家和代表发展中国家声音的关键成员率先在一些关键领域达成共识。在改革时，G20等机制可以成为初步讨论WTO改革的平台，目前，美国不满WTO，可以推动欧盟、日本先行谈判。

第六，WTO改革应当充分考虑发展中国家的诉求与承受能力，努力寻求分歧双方的共赢点。WTO的改革中，技术转移将是其中重要的组成部分。现在发达国家的科技已经发展得很成熟，也已实现了利益制度化，但发展中国家想要进入这一领域存在很多困难。而发展中国家对农业补贴、国家安全等问题也十分关注。双方需要有渐进变革的耐心以及共赢思维，避免极端化与零和博弈。

一直以来，中国既是WTO的坚定维护者也是其受益者。加入世贸组织的17年来，中国积极践行自由贸易理念，全面履行加入承诺，大幅开放市场，实现中外间的互利共赢。未来，中国将继续履行一个成员方的责任,坚定支持多边贸易体制,全面参与世贸组织各项改革工作,在不断扩大本国开放的基础上,推进WTO多边贸易体系更多地造福全人类,实现人类命运共同体。

(原载于《参考消息》,2018年9月24日,有改动)

# 国际税收体系改革势在必行

国际货币基金组织在2019年发布的《全球经济的跨国公司税收报告》中，指出进入全球化4.0时代后，跨国公司的弊端逐渐显现出来，跨国公司逃避税使发展中国家贫富差距拉大，加剧"逆全球化"。针对解决全球化"利益分配不均"这一核心问题，国际税收体系改革将起到至关重要的作用。报告建议建立"剩余利润分配"制度，对跨国公司在驻在国家的常规利润全额征税，并将剩余利润分给所有相关国家；国际社会则应继续推动国际税收合作，进一步健全国际逃避税防控体系，维护各国国家税收权益和世界税收秩序；中国应当积极参与国际税收体系改革，在国际税收规则制定及国际合作方面发挥更大作用。

此前，在最近结束的德国慕尼黑安全会议上，国际货币基金组织总裁拉加德也曾与笔者同台研讨交流，她认为，全球化4.0时代，包括国际税收体系在内的全球治理体系亟须改革，中国可以在这一新的全球治理体系中发挥作用。

在全球化面临巨大挑战的当下，全球治理成为各国政府需要优先重点合作的领域。针对解决全球化"利益分配不均"这一核心问题，国际税收体系改革将起到至关重要的作用。当前，一些国家和地区"反全球化"盛行的一个重要背景是，近几十年来，跨国公司的资本自由流动与各国政府监管之间的不匹配，造成了严重的分配不均，而一些发达国家却将"板子"错误地打在了发展中国家的政策上。

此前，经济合作与发展组织（OECD）和二十国集团对国际税收体系进行过改革，尤其是2016年第十届税收征管论坛（FTA）大会首次在北京召开，与会各国就跨国公司的利润转移以及国际税收改革达成了初步共识。

在全球化2.0阶段，跨国公司是全球化的主要推动力量，有力地促进了国际经济技术合作与交流，促进世界各国经济的发展，促进了资源在全球范围内的优化，也为制定全球贸易规则奠定了基础。然而，随着全球化深入发展，尤其是进入全球化4.0时代后，跨国公司的弊端逐渐显现出来，资本自由流动和由此导致的利益自由流动，也带来了各种突出的问题。

一些跨国公司在发展中国家尤其是低收入国家进行投资，利用当地廉价劳动力和资源，给自身带来丰厚利润的同时，却以逃避税的方式，规避了向发展中国家回报税收的责任，令发展中国家受损。发展中国家尤其容易受到利润转移和税收竞争的影响，他们为提高收入，往往只能选择引进跨国公司，一些跨国公司则以此为要挟，迫使发展中国家接受苛刻条件，包括给予跨国公司税收减免等。

国际货币基金组织的报告指出，由于跨国公司将利润转移至低税率地区，非经合组织国家每年总计损失约2000亿美元的税收。跨国公司逃避税使发展中国家贫富差距拉大，贫困人口上升，生存环境变差，影响了联合国2030年可持续发展的目标。税收监管失效也使"逆全球化"加剧，从而导致全球贸易萎缩，经济发展不振，并导致一些国家中产阶层利益受损，从而引起这个群体的集体反弹。

全球化 4.0 时代，迫切需要改革国际税收体系，但改革面临许多实际的困难。比如，发展中国家自身发展需要与对跨国公司征税之间存在着矛盾，很多发展中国家依然希望跨国公司投资以发展其经济，即使在政府层面达成协议，数字经济时代的贸易特性，也让征税的实际操作面临挑战。跨国公司可以利用简单、快捷、低成本的电子通信方式完成各种商贸活动，更大程度上依赖无形资产如品牌、专利、软件等方式进行交易，而不太需要实体店或者实体贸易。这无形中加大了跨国公司"跨境逃避税"的隐蔽性，也使各国对跨国公司的征税更加困难。

国际社会应继续推动国际税收合作，推动 OECD 国家税收征管论坛大会举办，最大限度实施税基侵蚀和利润转移（BEPS）项目成果，为 50 多个成员税务局分享税收征管实践经验提供国际化平台，力求在涉及国际重要税收征管问题上达成共识，进一步健全国际逃避税防控体系，维护各国国家税收权益和世界税收秩序。

跨国公司作为全球化的推动者和国际税收体系的切身利益方，应多方参与税收征管论坛大会。如全球 500 强企业可以多方参与其中，为各国制定合理的税收政策提供企业立场和企业视野，这不仅有助于跨国公司维护自身利益，也能促使跨国公司充分认识到自身承担的全球性"社会责任"。

中国是重要的跨国公司投资市场，将有越来越多的大型跨国公司在中国投资，从参与全球治理，维护中国在全球新税收体系中的话语权的角度，中国应当积极参与国际税收体系改革，在国际税收规则制定及国际合作方面发挥更大作用。中国也是世界上最大的发展中国家，有责任帮助发展中国家和低收入国家加强税收征管能力建设，维护发展中国家的利益，使发展中国家在全球化 4.0 时代共享全球化的成果，实现互利共赢。中国自己也有越来越多的企业走出国门，中国跨国公司在"走出去"的过程中，应当积极参与到新税收体系建设中来。

（原载于《北京青年报》，2019 年 3 月 17 日，有改动）

# 改革全球贸易体系　助推全球经济增长

进入2019年，世界经济形势出现了新的变化，不确定性有所增加，世界经济增长动力减弱，世界经济增速下行可能性较大，国际贸易增速放缓，分配不均还造成各国之间、一些国内各阶层之间的贫富差距拉大。贸易是全球和平发展的稳定器，全球化4.0时代蓬勃发展，世界各国都应积极参与其中。建设新的全球贸易体系应更重视服务贸易的发展，对现有机制进行改革，维护和加强多边机制。中国为构建新的全球贸易体系提出"中国设想"，"一带一路"倡议给全球贸易带来新的机遇、提供"中国动力"。未来，各国只有加强合作才能共塑新的全球贸易体系，为全球经济持续增长打下坚实的基础。

第55届慕尼黑安全会议（慕安会）2月15日在德国南部城市慕尼黑开幕，欧洲自主发展、跨大西洋合作、大国竞争成为本届慕安会的重要议题。近40位国家元首、政府首脑和近百位部长在内的500位嘉宾参会，阵容强大，创下了纪录。与会政要包括德国总理默克尔、芬兰总统尼尼斯托、挪威首相索尔贝格、埃及总统塞西、美国副总统彭斯、加拿大外长弗里兰和俄罗斯外长拉夫罗夫等，中共中央政治局委员、中央外事工作委员会办公室主任杨洁篪应邀参会。笔者作为唯一来自中国的民间智库代表也应邀在大会主论坛发言。CCG作为唯一来自中国的智库在慕尼黑会议中举办"一带一路"主题边会。同时，在开幕当天下午举办的"从对抗到合作，令竞争者重回贸易"的大会论坛中，笔者有幸与国际货币基金组织总裁克里斯蒂娜·拉加德，世界银行代理行长、首席执行官克里斯塔琳娜·乔治亚（Kristalina Georgieva），德国财政部长奥拉夫·舒尔茨，美国参议院国土安全委员会主席罗恩·约翰逊（Ron Johnson）和安联集团首席经济顾问穆罕默德·埃里安（Mohamed El-Erian）等嘉宾共同就如何走出对抗、加强合作进行研讨。当天中午与德国外交事务委员会主席诺贝特·勒特根（Norbert Röttgen），美国国家安全前副顾问史蒂芬·哈德利（Stephen Hadley）共同参与以"再洗牌：建立新的多边秩序"为主题的全球对话研讨会，会议由宝马基金会董事会主席迈克尔·舍费尔（Michael Schaefer）致辞。

进入2019年，世界经济形势出现了新的变化，不确定性有所增加，世界经济增长动力减弱，世界经济增速下行可能性较大，国际贸易增速放缓。这主要表现在，发达经济体和新兴经济体的一些主要指标增长出现回落，世界银行、国际货币基金组织、世界贸易组织等国际机构下调了对2019年世界经济增长的预期，国际直接投资活动低迷不振，全球债务水平提高，金融市场动荡不减，英国"脱欧"、美国政府"关门"等都可能导致全球贸易动荡的"黑天鹅"事件频发。

另外，分配不均造成各国之间、一些国内各阶层之间的贫富差距拉大，发达国家产业空洞化造成的逆全球化，加剧了许多国家包括一些西方国家对全球化的不信任，使全球贸易体系蒙上阴影。

全球贸易体系面临新的挑战，但也要看到挑战中客观存在的机遇。首先，多边自由贸易仍是当前国际社会倚重的标准，包括中国在内的新兴国家坚持贸易自由化，并高举经济全球化的大旗。其次，全球经济形势出现一定的低迷现象，但中国等国家的 GDP 和进出口贸易依然强劲，对世界经济增长的拉动作用明显。再次，全面与进步跨太平洋伙伴关系协定近期生效，对服务业、知识产权等方面的严格要求，不但代表了一种新的全球贸易体系类型，同时也为世贸组织改革等提供了经验借鉴。

贸易是全球和平发展的稳定器。从贸易竞争走向合作，改革旧的贸易体系，构建新的贸易体系，是全球化4.0时代的必经之路。尽管贸易保护主义抬头，但未来全球贸易和多边主义仍是主流，经济全球化还将继续。在世界经济下滑压力增大的情况下，各国更应加强合作，由竞争者变为合作者，不是通过贸易保护主义、增加关税等方式来"自保"，而是通过谈判、沟通、合作的方式构建新的贸易体系。

新的全球贸易体系应更重视服务贸易的发展。服务业在全球经济中与制造业同等重要，在许多国家的经济增长中正变得越来越重要。目前，服务贸易已经占到全球出口的五分之一，且这一比重还在继续加大，需要对全球服务贸易的潜力进行深度挖掘。各国加强服务贸易，以国际旅游等方式达到平衡，对构建新的全球贸易体系有着至关重要的作用，这也是推动全球贸易的新的增长点。

维护和加强多边机制，需要对现有机制进行改革。新的国际贸易体系需要建立在现有国际贸易体系的基础之中，在国际贸易规则上进行诸边合作，加快现有国际贸易体系改革，以适应新的形势。世贸组织改革须对"完全协商一致"原则改进程序，可以用诸边协议来代替多边协议，以提高谈判效率和执行力度；还应充分考虑发展中国家的诉求与承受能力，努力寻求分歧双方的共赢点。

此外，中国因素也将起到至关重要的作用。中国贸易进出口总额从 1978 年的 355 亿元，到现在首次超过 30 万亿元，给中国和世界带来了巨大变化，为世界贸易体系发展贡献了巨大的"中国力量"。中国作为世界第二大经济体，2018 年 GDP 达 90.0309 万亿元，全年货物进出口总额 305050 亿元，比上年增长 9.7%。中国经济对世界经济的贡献率在逐渐加大，中国在构建新的全球贸易体系中将发挥更大的作用。

"一带一路"倡议给全球贸易带来新的机遇，继续推动全球更高水平开放，为构建新的全球贸易体系提出了"中国设想"。中国继续引领践行"一带一路"倡议，通过扩大基础设施等方面投资，增加国家间相互贸易和产业合作机会，扩大需求和就业，为世界经济增长提供新的动力。

中国继续扩大开放，落实习近平主席在博鳌亚洲论坛 2018 年年会开幕式主旨演讲中提出的扩大开放举措，大幅度放宽市场准入，创造更有吸引力的投资环境，加强知识产权保护，主动扩大进口，将以实际行动和更大努力为世界经济发展做出更大贡献，为构建新的贸易体系提供"中国动力"。

全球化 4.0 蓬勃发展，世界各国都不能置身事外。只有加强未来合作，才能共塑新的全球贸易体系，为全球经济持续增长打下坚实的基础。

（原载于《北京青年报》，2019 年 2 月 17 日，有改动）

# 中欧合作共同推进WTO现代化改革

WTO对世界各国经济发展发挥着举足轻重的作用，成为全球化迅猛发展的主导推动力。近十多年来WTO发展进入一个停滞期，随着单边主义盛行，WTO现代化改革仍没有突破。全球化4.0时代的到来，对新的全球贸易体系提出更高的要求，WTO现代化改革势在必行。中欧在推动WTO现代化改革方面有着共同的诉求，有必要加强WTO体系改革的合作。中欧应当加强贸易合作，以实际行动支持多边主义和WTO现代化改革；各自协调发展中国家和发达国家两个群体的立场；推动新兴领域在WTO规则的新突破，从而建立涵盖数字贸易的规则。中欧合作改革WTO，可以加快形成未来新的全球贸易体系，推动全球化的历史进程。

欧洲政策研究中心思想实验室（CEPS IDEAS Lab）年会日前在比利时首都布鲁塞尔召开。本届会议以"欧洲的选择"为主题，欧洲各国政府、智库、企业和非政府组织等机构近两百余位代表参会，涉及12大讨论主题和分议题。CCG作为来自中国的智库代表参会研讨，笔者在"欧盟能否拯救世界贸易组织"分论坛上做主题发言，并与WTO前总干事帕斯卡尔·拉米先生共同探讨全球贸易趋势。本届会议上召开了"中国与WTO的关系""中美贸易是否会影响世界未来"等多场与中国有关的研讨会，足见欧洲和世界对中国事务的重视。

国际社会对 WTO 现代化改革的讨论自"多哈回合"谈判受阻以来从未断绝，尽管各国都希望对 WTO 谈判进行改革，但由于单边主义盛行等原因，WTO 现代化改革仍没有突破。

WTO 的争端解决机制、大法官任命机制是目前存在的最大难题，发达国家和发展中国家间的不同利益诉求的不协调也不利于新议题谈判的进展。同时，WTO 仅关注货物贸易和关税等传统贸易问题，没有包括服务业、数字经济、信息化等新兴议题。

全球化 4.0 时代的到来，对新的全球贸易体系提出更高的要求，WTO 则更不适应未来的要求，因此，对 WTO 现代化改革的呼声越来越大。

中国是 WTO 的坚定维护者也是受益者。加入世贸组织的近 20 年来，中国积极践行自由贸易理念，全面履行加入承诺，大幅开放市场，实现中外间的互利共赢。中国商务部新闻发言人曾指出，世贸组织并不完美，特别是当前保护主义和单边主义盛行，世贸组织权威性和有效性受到挑战，为此，中方支持对世贸组织进行必要的改革，推动多边贸易体制与时俱进，更好地回应时代的发展。欧盟也多次申明希望进行 WTO 改革。中欧还成立欧盟与中国贸易工作组，加强多边贸易体制改革合作。在刚刚过去的慕尼黑安全会议上，德国总理默克尔也指出，进入全球化 4.0 时代，新的贸易体系要对旧的贸易体系进行改革而非打碎。因此，中欧在推动 WTO 现代化改革方面有着共同的诉求，中欧合作进行 WTO 现代化改革在全球化 4.0 时代形成新的贸易体系有着重要作用。

首先，中欧加强贸易合作，以实际行动支持多边主义和 WTO

现代化改革。WTO促进中欧贸易的发展，根据中国海关总署统计，2018年中国对欧盟的进出口值是4.5万亿元人民币，同比增长7.9%，其中对欧盟出口2.7万亿元，增长7%，自欧盟进口1.8万亿元，增长9.2%。欧盟继续保持中国最大贸易伙伴和最大进口来源地的地位。在当前贸易保护主义盛行的国际经济形势下，中欧间贸易是对贸易体系的最大支持，也是WTO体系依然在发挥重要作用的体现。中欧将继续加强经贸关系，扩大经贸合作，在全球化4.0时代为WTO现代化改革、促使新的贸易体系的形成奠定坚实基础。

其次，中欧加强WTO体系改革的合作，推动欧盟与中国贸易的工作进展，进一步维护WTO体制，与时俱进改革多边贸易体制，寻求解决争端机制及其上诉机构的僵局的方案，避免整个贸易系统崩溃。中国与欧盟在2018年着手合作进行WTO改革，并形成工作小组，这对于促进WTO体系改革有着巨大的推动作用。作为WTO重要成员的中欧加强合作，有助于解决现存的难题，为各成员的合作形成示范性作用。

再次，WTO的其中一个难题是发展中国家与发达国家的利益诉求难以达成一致。分别代表两方利益的中欧合作，可以发挥各自优势，协调发展中国家和发达国家两个群体的立场，实现最终突破。中国可以充分考虑发展中国家的诉求与承受能力，努力寻求分歧双方的共赢点，进行多边谈判。欧盟方面可以协调发达国家对WTO改革的诉求。这一难题需要中欧有渐进变革的耐心以及共赢思维，避免极端化或零和博弈。

最后，WTO现代化改革需要与时俱进，包含服务业、电子商务等数字经济领域的新兴议题。而中欧都在这些领域有着强烈的需求，因此，中欧可以共同努力推动新兴领域在 WTO 规则的新突破，从而建立涵盖数字贸易的规则。

全球化 4.0 时代，新的贸易体系需要建立在 WTO 现代化改革之中，只有各国共同努力才能形成。中欧合作改革 WTO，可以加快形成未来新的全球贸易体系，促进全球经济的发展，推动全球化的历史进程。

（原载于《北京青年报》，2019 年 2 月 24 日，有改动）

# G20机制如何在全球治理中发挥更大作用

作为集合了不同地区和不同发展阶段主要经济体的国际组织，二十国集团已成为国际经济合作和非正式对话的重要平台，在全球治理中发挥着举足轻重的作用。G20不只是体现发达国家意志的平台，也成为发展中国家发出声音、维护利益的重要场合，近年来，在维持全球金融和经济稳定，促进主要经济体互利合作方面，G20发挥了更加稳健、积极的作用。要进一步发挥G20全球治理的作用，应坚决支持全球化以及最能体现全球化精神的自由贸易，将G20机制作为加强各国贸易协商的重要平台，而以中国为代表的发展中国家需要促推G20机制化、常态化并建立常设机构。

G20领导人第13次峰会在阿根廷首都布宜诺斯艾利斯如期举行。从2016年G20杭州峰会到2018年G20阿根廷峰会，再到本次峰会上举世瞩目的中美首脑会晤，足见中国在当今全球事务中的重要性与日俱增。对中国来说，这也是深入参与推动全球治理的连续进程。

G20在国际舞台上得到如此大的关注，并非偶然。作为集合了不同地区和不同发展阶段主要经济体的国际组织，G20已成为国际经济合作和非正式对话的重要平台，在全球治理中发挥着举足轻重的作用。2008年全球金融危机爆发，为协调各经济体之间的政策，G20从各国财长会议升格为领导人峰会，以便更好地应对危机带来的影响，避免20世纪30年代大萧条情形再现。在当时和此后，G20都发挥了国际货币基金组织、世界银行等经济协调组织无法比拟的作用。近年来，G20的全球代表性被进一步认可，尤其是在维持全球金融和经济稳定，促进主要经济体互利合作方面，发挥了更加稳健、积极的作用。

目前，G20成员国人口占世界总人口的66%，国土面积在全球占比60%，GDP占比85%，国际贸易量占比75%，投资占比80%。只要G20成员国经济稳定，世界经济就不会出现大变动，只要G20成员国加强合作，全球合作和全球治理就能够顺利推进。G20在应对2008年全球金融危机中的表现，使其地位得到世界各国认可，其作用也逐渐从危机处理转变为中长期全球治理。随着越来越多的安全、社会议题加入，特别是阿根廷峰会把人类未来、食品安全、性别平等、基础设施建设等重大议题纳入议程，G20已从协调国际经济事务的平台，逐渐成长为全球综合治理平台。

G20机制能够发挥全球治理的作用，重要原因之一是广大发展中国家积极参与，发展中国家的声音日益得到重视。G20从G8（八国集团首脑会议）发展而来，中国、阿根廷、巴西、印度、印度尼西亚、墨西哥、土耳其等发展中国家加入形成G20机制，这一平台不只是体现发达国家的意志，也成为发展中国家发出声音、维护利益的重要场合。

立足当下，着眼长远，G20也面临着一系列全球治理上的挑战。当今世界，"黑天鹅"事件不断发生，各种思潮不断出现，逆全球化浪潮涌现，有些国家甚至在全球化进程中出现倒退，这些都冲击着全球化多年来形成的价值链体系。同时，民粹主义高涨，贸易保护主义问题日益严峻，全球经济发展速度及经济预期下滑，全球经济结构性失衡问题亟须解决，令世界经济政治格局面临重大变革和调整。此外，G20本身也存在着成员国缺乏强有力约束机制、运行效率差、发达国家仍占据强势地位、发展中国家的声音仍然偏弱等问题。

进一步完善全球治理，提升G20应对全球性挑战的效力和权威性，要使G20成为发展中国家更有力发出声音、更有效协调发达经济体和发展中经济体利益的平台。在此背景下，中国作为G20的重要成员、最大的发展中国家和负责任大国，通过广泛深入参与全球治理，不断地为世界提出解决机制，提供符合世界整体利益的中国方案。中国在推动完善全球治理机制的同时，也在推动全球治理机制改革创新。从举办2016年杭州峰会到积极参与每次峰会，体现了中国为完善G20全球治理机制所做出的努力，也让中国通过G20平台将全球治理的理念持续付诸实践。

中国经济具有发展中经济体的属性，又有突出的特点和优势，可以成为连接、平衡发达国家与发展中国家利益的纽带。随着中国参与全球治理的不断深入，更多"中国经验""中国方案"将会向全世界呈现。中国在"一带一路"倡议中提出的共商共建共享原则，可以成为G20机制的重要价值方向。中国通过G20平台更广泛深入参与全球治理，必将为推动世界经济发展、构建人类命运共同体做出更大的贡献。

（原载于《北京青年报》，2018年12月2日，有改动）

# 抓住多边合作机遇　应对世界经济挑战

11年前,在全球金融危机爆发的危急时刻,二十国集团用多边主义合作的方式成功化解危机。11年后的今天,世界经济发展面临前所未有的严峻挑战,在此背景下,世界各国再次将目光投向G20大阪峰会,期望多边合作的力量将成功抵抗逆全球化势力,反对贸易保护主义。

习近平主席出席G20大阪峰会,与日本、美国、印度等多国元首就如何进一步推进国际贸易体系改革、发展全球经济治理进行讨论。多边主义合作将再次凝聚各国力量,共同应对挑战,推动世界经济发展。

进入21世纪后,随着人工智能、大数据、云计算等网络信息技术的快速进步,全球化发展进入新阶段,世界各国面临着更多前所未有的多重挑战。大国单边主义、贸易保护主义、民粹主义等逆全球化思潮愈演愈烈,严重威胁了经济全球化的发展,国际多边主义合作受到阻碍。2016年以来英国"脱欧"、美国退出跨太平洋伙伴关系协定(TPP)等事件对国际多边主义合作发展产生了强烈冲击。美国作为世界第一强国,不断"退群",甚至威胁退出世贸组织。美国总统特朗普在贸易、科技、移民等领域挑起的单边主义行为不但令国际多边合作受挫，更使得现行国际自由贸易体系逐渐被边缘化。作为世界经济发展的重要驱动力，经济全球化进程的停顿与逆转将使世界经济发展形势更加严峻。

世界经济结构性矛盾依然存在，新的经济增长点尚未完全形成。人口老龄化、劳动生产率增长缓慢、全球投资低迷等问题令原有驱使世界经济增长的动力减弱，然而新的工业革命尚未能使劳动生产率大幅提升，经济增长动力不足，为世界各国推动经济全球化带来了更多压力。

面临世界经济发展的重重困境，G20 大阪峰会再次成为全球目光的焦点，促进国际贸易体系改革，加强国际多边主义合作，成为国际社会日益强烈的呼声。多边主义具有的"规则性""民主性""公平性""合作性"等特点，决定了这一思想对世界各国共同反对单边主义与贸易保护主义、推动经济全球化的重要作用。习近平主席在 2019 年以来的三次出访活动中也多次强调多边主义，表示中国是维护国际多边主义合作的坚定力量。

随着中国经济实力的增强和国际地位的逐渐提升，中国力量对推动现有全球经济治理体系改革具有重要意义。WTO、IMF 等机构改革既是此次 G20 峰会讨论的重点话题，也是世界各国维护国际自由贸易的共同需求。作为 WTO 机制的最大受益国之一，中国可以在改革方案中更多地为发展中国家发声，平衡发达国家和发展中国家的利益诉求，从而弥合发展中国家与发达国家之间因国际贸易冲突而产生的裂痕。

区域一体化是多边主义在地区层面的重要体现。2017 年亚洲 GDP 总值达 29.4 万亿美元，在全球占比 36.5%。然而根据 IMF 统计分类，亚洲（包括大洋洲）的 38 个国家和地区中，还有 30 个为发展中国家或新兴市场国家。亚洲区域巨大的经济体量和发展潜力使亚洲区域一体化成为反对贸易保护主义，促进国际多边主义合作的重要力量。作为亚洲经济增长的重要驱动力，中国提出的"一带一路"倡议和发起成立的亚洲投资银行已经成为激发亚洲发展活力的重要因素。未来，区域全面经济伙伴关系的达成还将进一步推进中国与日本、韩国、印度、东盟国家等的合作，从而以亚洲区域一体化驱动全球多边主义合作，应对世界经济发展的多重挑战。

在推动亚洲区域一体化的同时，中国还应利用自身优势，连接亚太地区，推动亚太经贸一体化。美国退出 TPP 后，日本将此条约转变为全面与进步跨太平洋伙伴关系协定（CPTPP）。该协定涵盖了 WTO 缺少的对服务贸易和跨境电商等行业和领域的贸易规则，对推动亚太多边经贸合作具有重要作用。如果中国加入 CPTPP，一方面能够更好地深化改革开放，另一方面可以大幅提升 CPTPP 的经济体量，进而为世界经济增长注入新的活力。

除经贸合作外，加强国家间的政治互信是推动多边主义合作的重要方面。国家间的博弈既建立在各国的利益诉求的基础上，同时国家间的政治信任和文化了解也在其中扮演重要角色。建立人类命运共同体是增强各国交流了解的重要倡议。人类命运共同体以各国共同利益为出发点，以更开放与包容的态度，推进多边主义合作。中国应继续丰富"人类命运共同体"理念的外延，从更高层次促进多边主义合作，完善全球治理体系。

面对世界经济发展进程中的多重挑战，多边主义是世界各国在全球化发展新阶段共同应对这些挑战的最优方法。中国将以本届

G20 峰会为新起点,进一步丰富和推广多边主义精神,促进国际多边主义合作,为推动世界经济发展做出更多贡献。

(原载于《北京青年报》,2019年6月30日,有改动)

# 中日可开启双边投资协定升级谈判

当前,中欧投资协定升级谈判进展顺利,在第31轮中欧投资协定谈判中,双方就公平竞争规则方面的文本议题达成重要共识,有望落实年内达成协定的目标,成为中国对外贸易协商最新重大进展。

近年来,在WTO运转不灵、中美摩擦及全球化逆流涌动的背景下,区域及双边自由贸易加速发展。美欧、欧日、美墨加间的自贸协议均已生效,美日也在2019年10月就关税减让等达成贸易协议。加拿大、澳大利亚与新西兰等CPTPP成员已表示将加入该协议,届时将形成一个由亚洲、欧洲与北美40多个国家参与的跨太平洋与跨大西洋巨型自贸协议。

中国要避免在国际贸易交往中受到美国牵绊,就要更积极推动贸易自由化、全球化,扩大自身在国际市场和全球经济中的份额,与更多国家和地区达成更紧密的经贸协议。其中,在中日各层面友好合作背景下,中国可与日本尽快开启双边投资协定升级谈判,并适时开启中日自贸协议谈判。此举在推进中日经贸关系升级同时,还可推进中日韩自贸区建设进程,加速亚洲区域经济发展,并对中国开启加入CPTPP对话起到积极作用。

中日韩作为世界三大重要经济体，总人口16亿，占东亚人口70%，经济总量近21万亿美元，占东亚比例近90%。三国地缘相近，文化相通，经济互补性强，合作潜力巨大。2007年，中日韩开启了三边投资协定谈判，2012年5月协定正式签署，同年11月三国正式启动了中日韩自由贸易协定协商。目前，中国是日韩第一大贸易伙伴，日韩分别为中国第二和第三大贸易伙伴。在去年举办的第八次中日韩领导人会议上，三方领导人表示，将努力实现自由、公平、非歧视、透明、可预期和稳定的贸易投资环境，并保持市场开放。如中日韩达成自贸协定，中日韩自贸区将成为继北美自由贸易协定和欧盟之后的世界第三大经济贸易区。

除三边协定外，中日现行双边投资协定于1989年生效，时间相对较早。同时，作为世界第二大、第三大经济体，尽管中日分别与多国签署自贸协定，但由于美日同盟的刚性、美国的战略猜忌、韩日关系的曲折、俄日关系的走势等诸多因素，中日并未建立自贸机制。中韩当前已达成了自贸协定，且将启动第二阶段谈判，推动中韩经贸合作新机制建设，经贸合作处于加速发展阶段。韩国与日本自2004年底也举行了类似的谈判，但会谈因日本不愿降低农产品关税而停止。日韩在经济上存在较大竞争关系，且两国因历史问题一直龃龉不断，近一年多来陷入关系"冰点"，是推进中日韩自贸区谈判的一个障碍。

中日作为一衣带水的邻邦，经济联系密切。就双边投资来说，日本是中国第三大外资来源地，中国是日本第二对外投资对象国。2019年，日本在华新设企业1000家，同比增加20.8%。截至2019年底，日本累计对华投资额1157亿美元，在我国利用外资国别中排名第一。尽管受到新冠肺炎疫情冲击，2020年上半年中日双边贸易额依然接近1500亿美元，日本对华投资约20亿美元，基本达到去年同期水平，充分体现了中日关系深厚的基础、强劲的韧性和巨大的潜力。

当前，中日关系稳定向好也为中日升级经贸关系创造了良好条件。在经济上，中日经贸合作已经实质性转暖，中日关系正步入新时代。两国关系已进入第三方甚至第四方合作新时代，共同利益增多，面临发展新机遇。日本经济界，尤其企业界看好中日自贸合作潜力，要求中日构建更高合作平台的呼声日益增大。今年抗击新冠肺炎疫情期间，中日两国从政府到民间守望相助、友好合作，对中日关系的稳定起到了积极作用。尽管有传言"日本企业退出中国"，但根据日方2020年4月对日本在亚洲（含中国大陆）投资以及合资企业展开的年度调查，约90%的在华日企没有改变供应链的计划，即便有改变供应链计划，多数企业也计划在日本或中国国内进行改变。虽然由于疫情暴发，原定于今年春季习近平主席访日行程推迟，但中日政治关系趋缓为中日双边关系升级发展创造了良好条件。

中日通过投资协定升级谈判或自贸协议谈判可建立持续密切的高层对话。在日韩关系陷入低谷之际，中国在分别与日韩的经贸谈判中可起到斡旋调和作用。中国依据中日韩自贸协定签署标准进行协调，在加速双边经贸关系发展同时可降低中日韩自贸协定推进难度，并有效缓和日韩关系，为中日韩自贸区协定、RCEP签署的进一步推进及中日韩合作升级创造良好条件。此外，日本是CPTPP的主导国家之一，中日开启双边投资协定提升协商对中国加入CPTPP也有积极作用。

在全球化遭受挫折的今天，中日作为搬不走的友邻，合作潜力巨大。新冠肺炎疫情之下，中日"山川异域，风月同天"式的互助合作已经证明了中日关系经得起磨难和考验。历史的伤疤不会愈合，但省察是为更好地前进，中日前行之路正越拓越宽。中日升级经贸合作也必将为两国及地区经济繁荣及民生福祉做出积极贡献。

（原载于《北京青年报》，2020年8月16日，有改动）

# 中国可考虑加入 CPTPP 了

2018年12月30日,全面与进步跨太平洋伙伴关系协定(CPTPP)正式生效。在世界贸易组织改革陷入僵局、逆全球化思潮大行其道的当下,CPTPP未来的发展值得期待。当前中国正在加快扩容自己的"朋友圈",避免被孤立在一个新的世界贸易体系之外。加入WTO18年后,中国有更大的能力和意愿继续扩大开放,推动全球化和自由贸易,加入CPTPP将对深化国内改革起到积极推动作用,有助于降低中国服务"走出去"的贸易壁垒,更好发挥中国在电子商务等信息服务产业领域的优势,为中国参与制定新的国际贸易规则创造更多的机会,争取更大的平台。

CPTPP的正式生效标志着一个占据全球国内生产总值13%、拥有超5亿人口的自由贸易体系初步形成。全球贸易体系出现重大变化,多边贸易体系受到冲击,以美加墨、美欧、美日、日欧等低关税的多个双边体系正在形成,对中国未来参与全球化发展形成巨大挑战。

CPTPP代表着未来自由贸易发展方向,是一个高版本的自贸协定。与以往的自贸协定不同,CPTPP除了致力于降低贸易成本外,还对环境标准、知识产权、国有企业等方面提出了更高的要求。

如果中国加入，CPTPP将占据全球GDP的三分之一，覆盖近20亿人口，成为世界最大的区域贸易体系。相比之下，由东盟主导的RCEP在标准设定、扩容能力上都有很大局限，且有印度等国家掣肘，发展前景一般。

此外，CPTPP生效条件相对宽松，门槛有所降低，因此扩容前景好。相对于美国退出前的跨太平洋伙伴关系协定，CPTPP的内容减少了，对现有成员来说，刚刚生效的CPTPP也希望有新成员加入，以获得更多支持。2020年9月19日，CPTPP生效后的首次成员国部长级会议就将讨论哥伦比亚、印度尼西亚、韩国、泰国及英国等国加入的问题。

多个CPTPP国家已表示支持中国加入，毕竟一个14亿人口的大市场是有巨大吸引力的。同时，2018年5月李克强总理访问日本，10月日本首相安倍晋三回访中国，中日关系迎来了回暖期，作为CPTPP的牵头国，日本也有意愿吸引中国加入，壮大CPTPP实力并巩固中日关系。

近日，中国商务部发言人高峰表示，中国已注意到CPTPP的最新进展，有关国家积极推进区域自由贸易安排，希望进一步推动贸易投资自由化、便利化。这充分说明经济全球化的大趋势没有改变，中国坚定地维护多边贸易体制，同时主张建设符合世贸组织原则、开放透明、互利共赢的区域自由贸易安排，二者可以相得益彰。笔者认为，中国抓住目前CPTPP积极扩容的时机，尽快启动加入CPTPP的程序，可以向世界宣示中国进一步改革开放的决心，展现中国坚定维护多边贸易体制的形象。

此外，CPTPP作为面向21世纪的自由贸易协定，对服务贸易、电子商务的规范十分重视，如果加入CPTPP，将为华为、中兴、阿里巴巴、腾讯、美团等企业争取到更大的国外市场,从而增加中国服务贸易出口。

有人担心 CPTPP 的一些标准太高,中国一时无法达到。但要看到,CPTPP 中除了发达国家,还包括马来西亚、越南等发展中国家。这表明,在一些超前于成员国国情和经济发展水平的事项上都有谈判空间,可以通过预留特殊条款、设立过渡期等方式逐步达成。

有一些人担心,加入 CPTPP 会对国内相关产业造成影响。但中国的市场很大,特别是中等收入群体还在迅速扩大,增长的部分足以容纳国外竞争者,而且目前 CPTPP 成员国除日本外,其他国家的产业与中国产业的互补性要大于竞争。更何况竞争本身并不一定是坏事,中国加入 WTO 后带来的竞争,不仅没有击败国内企业,反而令许多国内企业在竞争中做大做强,甚至成为世界领先的企业。

中国要扩大"朋友圈",不断完善现有自由贸易体系,同时要避免被孤立在一个新的世界贸易体系之外。CPTPP 当前的条款、成员国以及国际环境,已与之前的 TPP 发生了很大变化,权衡利弊得失,中国如果成为这一更高标准自贸体系的成员,可以尽早分享贸易红利,同时积极参与世界未来贸易规则的修订。

中国如果考虑加入 CPTPP,应同步继续坚定推进 RCEP 谈判、亚太自由贸易区(FTAAP)进程和中日韩自贸区协定等区域自贸体系,为中国参与制定新的国际贸易规则创造更多的机会,争取更大的平台。

(原载于《环球时报》,2019 年 9 月 17 日,有改动)

# 把握好 RCEP 发展新机遇

2019年8月3日，区域全面经济伙伴关系协定（RCEP）贸易部长级会议在北京成功落幕。RCEP谈判在会议上取得实质性突破。澳大利亚贸易、旅游和投资部部长西蒙·伯明翰在来华参加RCEP部长级会议期间出席了全球化智库圆桌研讨会。他在研讨中表示，若RCEP在今年年底达成将增强印度洋–太平洋地区的区域经贸合作。在逆全球化现象不断出现、贸易保护主义此起彼伏的全球化新阶段，RCEP或将成为驱动全球贸易发展的新动力。

近年来，国际贸易争端不断上演，为维护和发展国际自由贸易秩序提出了更多挑战。继中美爆发大规模的贸易摩擦之后，日本还挑起了与韩国之间的贸易争端。在此次日韩贸易争端中，日本将韩国从可享受贸易便利的"白色清单"中移除。作为反击，韩国则把日本也移出了贸易"白色清单"。这种双边博弈不仅伤害了两个国家的利益，更破坏了国际自由贸易秩序。在逆全球化思潮不断涌现的当下，贸易争端释放出的消极信号会让更多的投资者对世界市场失去信心，进而阻碍世界经济向好发展。

作为各国解决贸易争端的有效机构，世界贸易组织的争端解决机构却被架空，这成为贸易争端愈演愈烈的重要原因之一。自

1995年成立以来，WTO受理了超过400起申诉案件，并避免其中的多起案件从经济矛盾升级为政治冲突。但是由于大国单边主义的干扰，WTO的仲裁法官无法正常换届上任，常设的7名法官目前仅剩3名，而其中1名的任期也将于2019年12月结束。仲裁法官的缺位让国际贸易争端无法及时消解。WTO改革迫在眉睫，世界各国都在寻找改革WTO的更优方案，然而改革无法一蹴而就。在WTO改革尚未完成之时，RCEP的达成或将为全球贸易发展带来新机遇。

RCEP具有经济体量大、覆盖区域广、贸易自由程度较高等特点。RCEP由东盟十国发起并主导，邀请中国、澳大利亚、印度、日本、韩国、新西兰等重要经济体自主加入。RCEP国家的GDP总和达21万亿美元，约占全球经济总量的三成。RCEP达成后将涵盖约35亿人口，并取代日欧经济协定成为世界最大的区域自由贸易协定。

同为亚太地区的区域自由贸易协定，RCEP与CPTPP还具有互补性。RCEP与CPTPP的覆盖区域重合率较高，在RCEP的16个准成员国中，日本、澳大利亚、新西兰、新加坡、文莱、马来西亚和越南等七个国家也是CPTPP成员国。但是与CPTPP相比，RCEP的准入门槛较低，对发展中国家更为友好。RCEP框架在拥有更高的包容性的同时，包含了服务贸易、知识产权、电子商务和电信服务等WTO中缺失或不足的方面，对促进RCEP国家在全球化新时代的自由贸易发展具有重要意义。特别是对发展中国家来说，加入RCEP还可为它们日后加入更高程度的自贸协定做出铺垫。这种公平、自由而又相对宽松的自贸协定将加强亚太经济体之间的经贸联系，进一步推动亚太经贸一体化。

在 WTO 改革停滞，国际自由贸易秩序遭到破坏的背景下，中国更应参与亚太经济一体化的进程，把握 RCEP 带来的发展机遇。

在 RCEP 谈判方面，中国应推动谈判各国采用更加主动和务实的谈判策略，促成自贸协定尽快达成。虽然 RCEP 由东盟主导，但是中国在谈判中的角色也举足轻重。2018 年中国 GDP 约为 13.61 万亿美元，在 RCEP 国家 GDP 总和中占比超过 50%。不久前结束的北京 RCEP 部长级会议给长跑 7 年的 RCEP 谈判带来希望的曙光。中国商务部公布的信息显示，本次会议推动谈判取得了重要进展，有望在年内达成。在市场准入方面，超过三分之二的双边市场准入谈判已经结束；在规则谈判方面，各方已就 80% 以上的协定文本达成一致。然而，我们要看到谈判收尾阶段往往是困难集中的阶段，而日韩贸易摩擦的不断升温也为谈判提出了新挑战。在此背景下，中国应继续发挥大国力量，在尊重东盟主导地位的同时，带动谈判国家采取更加主动和务实的谈判策略，促进 RCEP 谈判在年内顺利收尾。

针对印度等国家具有的 RCEP 达成后中国出口商品将会冲击本国市场的恐惧心理，中国应继续深化改革开放，向 RCEP 国家的企业和投资者展现中国市场的巨大潜力。中国国家统计局数据显示，2018 年中美消费规模差距从 2017 年的 3400 亿美元已缩小至 2800 亿美元，与美国十分接近。随着产业升级和技术创新，中国市场的消费潜力还将进一步被激发。最新出台的《外商投资法》将在 2020 年产生效力，届时外商在华投资和经营将更加安全和便利。在 RCEP 谈判进行的关键阶段，中国应进一步向世界展示中国深化改革开放的决心，鼓励印度等 RCEP 国家中对中国有疑虑或担心的国家来华投资，减小 RCEP 谈判阻力。

此外，中国还可增加与 RCEP 国家的交流，通过分享自身发展经历帮助他们增添在自由贸易中的信心。产业发展和技术创新离不开市场竞争。当中国在谈判入世的时候，曾经有很多声音认为一旦降低关税，开放国内市场，民族企业将会受到毁灭性冲击。但事实证明，市场竞争并没有扼杀当时还在发展初期的中国企业，反而倒逼改革，激发民营企业发展活力，涌现了华为、阿里巴巴、小米等众多世界一流企业。

在全球化发展的新阶段，推动区域一体化才能更好地应对逆全球化思潮与国际贸易争端对国际自由贸易秩序发展提出的多重挑战。作为经济体量最大的区域自贸协定，RCEP 将成为亚太经贸一体化进程中的关键一步。走好这一步或将为应对现阶段的全球贸易挑战带来更多新思路。

（原载于《北京青年报》，2019 年 8 月 11 日，有改动）

辑三

人的交互：
全球化新时代如何做好人才引用

# 以人才流动治理创造更多"中国红利"

日前，国家移民局通报了在全国范围推广复制促进服务自由贸易试验区建设12条移民与出入境便利政策有关情况，包括为来华研学、经商、工作的外国人签发长期有效签证和居留许可等内容。移民新政的出台，对推动中国参与全球人才流动治理具有重要意义。这也表明中国正在从货物流动大国、资本流动大国发展成为人才流动大国，实现更高层次的全球化。

与之前的全球化阶段不同，在全球化4.0时代，货物流动已经难以为世界经济发展带来足够的"红利"，国际人才流动显现出带动经济发展的巨大潜力。

以美国为例，作为世界上最大的移民国家，美国的经济发展离不开国际人才的贡献。一方面，国际人才流入为美国带来了更多劳动力。外国出生居民在美国劳动力市场中约占17%，为美国各行业提供了大量的劳动力资源。调查显示，去往美国工作的外国人大多在16至40岁之间，大量年轻人口是美国经济能够持续发展的动力之一。

另一方面，国际化高技能人才流动为美国科技创新和产业升级做出了巨大贡献。美国之所以能在航天、新材料、生物技术等多个尖端领域拥有领先技术，离不开国际化高技能人才的贡献。皮尤研究中心的调查数据显示，美国移民人口中，近三分之一拥有大专及以上的学历，其中不乏科技领域的尖端人才。2000年至2017年间，美国在化学、医药和物理领域曾获得78项诺贝尔奖，其中40%奖项的获奖者为外国出生居民。

此外，大量国际化高技能人才为美国带来了税收、消费以及工作岗位。美国国家学院的研究报告显示，移民为美国贡献了370万至520万个就业岗位，移民不仅没有把美国人的工作"抢"走，反而成为提升就业的重要支撑。

中国应积极参与国际人才流动治理，吸引更多国际人才来华研学、经商、工作，不断做大"人才红利"。中国作为人口大国，人口红利正在减弱，随着人口老龄化程度加深，老年抚养比将成为人口抚养比上升的主导力量，这将直接降低人口生产性。这也意味着，中国需要获得更多的劳动人口来分担社会抚养压力。

此外，人才是科技创新的起点，中国科技创新和产业升级需要更多国际人才。2018年，科技部累计发放了33万份外国人才工作许可，在中国境内工作的外国人已超过95万。除了引进国际人才，留学生也是国际人才的重要来源。我国通过实施人才引进计划，成功吸引了许多华人华侨及中国留学生回国工作，并引进了大量外国人才来华创业和就业，但"人才赤字"依旧存在。中国一直是技能人才的主要输出国，据经济合作与发展组织（OECD）官员估计，目前有20多万名中国博士生和200多万名中国硕士生在OECD组织国家工作，为这些国家创造了巨大的科技发展和经济发展效益。

中国的留学生输出人数一直超过来华留学生人数，这种不均衡也是造成中国"人才赤字"的主要原因之一。美国2018门户开放报告（Open Doors Report）显示，2017至2018学年，有36万多名中国学生在美国高等院校就读，同期美国在中国的留学生仅有1.2万人左右。微软前董事长比尔·盖茨曾在美国国会作证指出，美国对外国人每发放一个工作签证，就能带动四个美国人的本地就业。如果我国能进一步推动留学产业发展，不仅可以给中国高校带来新的收入，甚至使之未来成为支柱产业，同时可以大大提升高校对国际学生的吸引力，让更多优质国际学生愿意来中国读书，并将其中的优秀人才留在中国创新、创业。这将为我国的科技创新和经济发展带来新的动能。

中国应进一步参与国际人才流动治理，抓住经济发展的"人才红利"，在人才双向流动中找到新平衡。在全球化发展的今天，受到民粹主义、大国单边主义的影响，很多国家对待人口流动的态度变得更谨慎，但是经济发达国家对待国际化高技能人才普遍持更加积极的态度。美国皮尤研究中心的调查数据显示，在希腊、法国、菲律宾、阿根廷、美国等27个取样国家中，平均有14%的民众对移民人口表示欢迎。然而，在瑞典、英国、德国等参与取样的经济发达国家，平均有73%的民众对国际化高技能人才来本国工作和移民非常欢迎。

在全球化4.0时代，人才流动是经济发展的巨大"红利"。中国应借鉴发达国家的经验，全面落实国家移民局发布的12条出入境管理新政策，培养和吸引更多国际人才，利用人才新平衡发掘更多经济增长点，推动经济平稳、健康、可持续发展。

（原载于《北京青年报》，2019年7月21日，有改动）

# 海归与中国高科技新兴产业发展

在全球化进程中，高科技新兴产业是国际经济和科技竞争的重要阵地。当代海归开创了高科技创业潮，引领了中国新兴产业的创新发展，为中国"弯道超车"赶超世界带来了更多机会。当前，海归创业来源越来越多元化，海归们在高端服务领域大显身手，加快了中国第三产业和服务业的创新发展。而在新兴信息技术等国家战略新兴产业的创业，使中国战略新兴产业赶超世界成为可能。要实现"中国制造 2025"的目标，需要海归继续发挥自身的独特优势，以高科技创业引领新一轮科技应用高潮，以高科技新兴产业发展推动我国产业结构调整。

在日新月异的全球化进程中，高科技新兴产业是国际经济和科技竞争的重要阵地。大力发展高科技新兴产业，可以大幅度提高我国的劳动生产率，减少资源消耗，有助于改善产业结构，提高企业竞争力和增强综合国力，推进经济协调稳定发展。广大海外留学回国人员为高科技新兴产业发展做出了突出贡献，为中国"弯道超车"赶超世界带来了更多机会，我们要更加重视海归在高科技新兴产业发展中的作用，推动高科技新兴产业不断迈上新台阶。

海归创业领域主要集中在生命科学、新兴信息技术、节能环保等国家战略新兴产业，他们中许多人掌握着高科技领域的核心技术。海归在高科技和新兴产业的创业，提高了自身价值，为我国在高科技和新兴产业方面赶上发达国家提供了"星星之火"，迅速缩短了中国与发达国家的差距，使中国战略新兴产业赶超世界成为可能。

改革开放以来走出国门的学子，是中国历史上第五代海归，与前四代海归最大的不同点是，第五代海归恰逢中国开始走向市场经济，他们带回大量高精尖技术和现代企业管理理念，引入风险投资、国际资本及各种新型融资方式，带来了多样化的产业选择，助推国内互联网、IT、通信、生物医疗、传媒、文化教育等新经济、新技术领域发展。著名海归创办和管理的企业如百度、搜狐、新浪、新东方等，均成为中国新经济和高科技的主流，使中国成为全球互联网行业最大的市场，占据了全球互联网最有价值上市公司的半壁江山。

相比于第五代海归，今天的海归创业来源越来越多元化，海归创业者不仅来自硅谷，也来自北欧、德国、法国、英国、韩国等国家和地区，他们带来环保、医疗器械、生命科学、时尚设计、工业设计、工业4.0等不同领域的技术和经验，为我国新兴产业创新带来了新一轮"春风"。

在大众创业、万众创新背景下，海归以国际化的视野和富于冒险的精神，在国内双创领域扮演着重要而独特的角色。科技部发布的《2017年中国独角兽企业发展报告》显示，2017年入选榜单的中国独角兽企业共有164家，其中由海归创办或管理的企业超过60家。这些独角兽企业开创引领着电子商务、互联网金融、大健康、文化娱乐、物流、交通出行等行业的新模式与新技术，塑造着新的创业文化。

中国经济进入新常态，对产业结构升级提出了新的要求，只有经济结构不断提质和优化，中国经济前景才能更加稳定。改革开放以来，大批海归活跃在高端服务领域，很多都成为中国第三产业的领跑者。海归在金融财务、咨询、法律、经纪代理、公关、广告、旅游、会展等多个领域大显身手，加快了中国第三产业和服务业等新兴产业的创新发展。

海归在高科技创业、新兴产业创新方面取得了重要成就，未来要更好地发挥海归的作用，还需要做大量工作。

第一，政府要继续加大对海归创业的政策优惠力度，使海归回国之路更加便利，为他们的工作和生活提供更多方便。要继续对高科技新兴产业发展提供税收方面的优惠，鼓励更多海归参与高科技及新兴产业创业。值得一提的是，国家出台各项吸引海归创业的政策，这些政策要真正落到实处，需要地方政府和有关部门的积极配合，为海归创业解决后顾之忧。

第二，要更多地借助市场发挥作用，减少不必要的行政干涉，营造合法、公平、平等的市场发展环境。政府和市场要打好"组合拳"，破除海归创业者面临的"融资难、审批难、用人难"问题。

第三，政府需要完善相关知识产权的机制，加强保护版权和专利的机制，为海归创业涉及的知识产权纠纷提供法律援助。

第四，继续稳步推进"海外高层次人才引进计划"等人才招聘计划，继续吸引包括海归在内的海外高层次人才来到中国。

海归开创了高科技创业潮，引领了中国新兴产业的创新发展，在缩短中国与西方发达国家差距的过程中发挥了重要作用。中国全面深化改革和全面建成小康社会，实现"中国制造2025"的目标，需要海归继续发挥其在国际化视野、国际化经验、国际化技术、国际化管理模式上的优势，以高科技创业引领新一轮科技应用高潮，以新兴产业带动传统行业革新，以高科技新兴产业发展推动我国产业结构调整。这些都是至关重要的。

（原载于《北京青年报》，2018年6月25日，有改动）

# 国际化人才是粤港澳大湾区建设的重要支柱

被写入《政府工作报告》和十九大报告以来,粤港澳大湾区建设如火如荼。社会各界、各领域集思广益,积极提出各种建议,为大湾区建设贡献智慧和力量。作为长期关注人才研究的社会智库,CCG第五届"中国人才50人论坛"圆桌会议举办,并陆续在广州、珠海、深圳、香港等地发布《粤港澳大湾区人才发展报告》。

社会各界也举办了欧美同学会第七届年会暨海归创新创业广州峰会、粤港澳大湾区创新经济高峰论坛等一系列活动来为大湾区建设服务,这一系列活动背后都有一个关键词,那就是"人才",尤其是在向世界三大湾区(美国纽约湾区、旧金山湾区和日本东京湾区)看齐的粤港澳大湾区发展上,"国际人才"成为关注的焦点。

要达到世界级湾区发展水平,充分发挥国际人才的作用是关键。当前,粤港澳大湾区有经济基础、科研机构、交通医疗等各方面优势,但与此同时也面临教育基础薄弱、国际化程度偏低等问题。因此,粤港澳大湾区应大胆探索改革现有的体制机制,为国际人才引入和发挥作用做好以下工作:构建大湾区人才一体化,放宽进口国外教学科研设备,实施大湾区全球英才招聘计划,打造大湾区全球人才大会品牌,构建高端智库集群,放宽外国留学生在大湾区实习就业限制，促进区域软实力建设。

大湾区未来发展有着良好的条件。2017年，大湾区人口达6956.93万，GDP生产总值突破10万亿元，约占全国经济总量的12.17%，港口集装箱吞吐量、机场旅客量、进出口贸易总额等在全球湾区中独占鳌头。对比世界其他三大湾区发展历史及当前发展趋势，粤港澳大湾区要达到世界级湾区发展水平，充分发挥人才尤其是国际人才的作用是一大关键。

粤港澳大湾区在吸引人才方面有以下优势：经济基础坚实，产业链完备；科研机构、创新机构众多，吸引人才能力强；服务人才的交通、港口群、医疗、文教等各方面保障到位；有面向国际的开放传统以及现实条件。

大湾区的国际化人才之路也面临一些挑战。大湾区人才教育基础薄弱，受高等教育人口比例较低，受高等教育人才占常住人口比例仅为17.47%（其中香港为26.18%，深圳为25.19%，东莞为15.74%）。当前科技创新成果转化率较低，创新人才对产业发展的贡献相对不足，技术输出与吸纳能力也相对不足。近年来，国内多地出现"抢人大战"，也给大湾区人才引进带来了不小的挑战。

此外，大湾区人才国际化程度偏低。虽然区域内有香港、澳门两个全球开放区并辐射台湾地区，临近东南亚以及东亚各国，但域内的国际人才比例很低，没有形成国际人才的规模进驻。

基于此，粤港澳大湾区应大胆探索改革现有的体制机制，为国际人才引入和发挥作用做好以下工作。

第一，构建大湾区人才一体化，建立大湾区"人才飞地"和人才保税区，推广大湾区人才执业资格互认制度，借鉴香港人才社会化、市场化的行业协会认证模式和税收政策，打造大湾区国际人才自由港。国际人才自由港可以采取"政府引导、社团牵头、企业运作"的模式,建设国际人才港物理空间、实施大规模人才引进工程和成立国际人才产业基金等,吸引和集聚更多高层次国际人才。

第二,对区内企业、机构设立的研发中心接受港澳台、国外捐赠,或从港澳台、国外购入的教学科研设备、仪器、用具等,取消进口上限,给予免税或保税。对技术先进、尚未列入国家鼓励类外商投资项目的企业进口境内不能生产或性能不能满足高层次人才企业需要的生产设备,给予进口关税和进口环节增值税税收优惠。

第三,实施大湾区全球英才招聘计划。可通过与各海外社团的合作,成立一个专门在全球搜索、关注、接触、挖取人才的大湾区猎头部门,以海外高端留学人才与华裔人才为重点,外国高级人才为补充,吸纳具有战略意义和领军作用的全球顶尖人才。对于港澳招聘的全球英才,保障其在大湾区享受与在港澳同等的待遇。

第四,打造大湾区全球人才大会品牌。"全球人才大会"由政府指导,中国民间机构组织发起成立,以国际化人才交流对话为平台,广泛邀请世界各国政要、知名企业和机构参加年度会议,构建国际人才领域的"达沃斯"论坛。

第五,构建高端智库集群,促进区域软实力建设。粤港澳大湾区可试点构建智库产业集群,集聚以"企业全球化、人才国际化"研究为核心的专业化高端智库,加强"储备性政策"研究,形成具有全国乃是全球示范效应的"智库产业区"。合理引进一批高端智库,实施"智库人才专项培养计划",通过支持挂职锻炼、定向委培、跨学科培训等多形式培养中青年智库研究人才,成立智库人才研修院,设立"决策咨询研究成果奖",等等。

最后,扩大吸引海外人才,放宽外国留学生在大湾区实习就业限制。可以适度放宽应届外国毕业生在大湾区就业的学历限制，对已被国内单位聘雇的优秀外籍本科毕业生，允许其在大湾区合法就业。同时，向全球优秀学生放开实习机会，扩大大湾区优秀人才储备。

粤港澳大湾区的硬件设施已经具备吸引国际人才的条件，目前要更多注重软件方面的建设，学习国际先进经验，与国际做好对接，力求将全球人才为我所用，助力大湾区人才战略全面顺利实施。

（原载于《北京青年报》，2018年12月9日，有改动）

# 海归70年：中国推动全球化的创新力量

2019年，新中国迎来了70周年华诞。70年风风雨雨，70年上下求索，70年开拓创新。从共和国成立之初的百废待兴到如今的国富民强，中国在创新发展的道路上越走越好。作为推动中国参与全球化的先锋者和中国创新全球治理的主力军，70年以来，一代又一代的海归正在为中国推动全球化发展贡献源源不断的创新力量。

回顾历史，从1847年容闳赴美留学至今，中华留学大潮已绵延百余年。一代代留学生肩负"留学报国、振兴中华"的光荣与梦想，前赴后继，上下求索。他们中涌现出无数政治伟人、科学巨匠、文化精英和商界巨子。从"器物"到"制度"再到"文化"，一代代中国留学生不断探索救国救民的真理。他们胸怀民主救亡、科学救国、教育救国、实业救国的理想，既开风气亦为前驱，虽步履维艰而争先弘毅。他们为国家与民族的教育、科技、国防事业做出了卓越贡献；他们承担了在一穷二白中发展工业、建设社会主义的重任；他们乘着改革开放的春风，推动东西方文明交融，促进中国经济融入世界体系。

改革开放前，万名留学生赴苏联学习先进技术，归国后参与建设156项重点工程,奠定了新中国工业化发展的基石。在祖国最需要的时候,钱学森、钱三强等专家怀揣着拳拳报国心依然归国为祖国的国防事业做出巨大贡献。23位"两弹一星"元勋中有21位都是海归。他们创造的"两弹一星"精神激励着无数海归学子前赴后继用才华绘制祖国发展的锦绣蓝图。

改革开放后,新时代的留学人员再次显现出强大的先锋精神。他们引领着外资走进国门,打造市场经济的繁荣发展;他们带领中国企业走向国际,开拓中国创新全球化发展的新纪元;他们积极参政议政,为治国理政建言献策,推动科学民主决策。他们成为中国与世界的接轨桥梁,推动中国走向全球治理的舞台中心。

留学潮正劲,海归浪涌起。从1978年到2018年底,各类出国留学人员累计达585.71万人,其中365.14万人在完成学业后选择回国发展。海归群体从思想、政治、科技、实业、教育、文化等各个层面革故鼎新,全面塑造和改变了现代中国社会面貌,深刻影响和推动了中国的现代化进程。从拯救中国到建设中国到创新中国,从留学潮到海归潮,中国已然形成了独特的世界级国际人才良性循环,对全球化发展起到了创新推动作用。

今天,世界面临百年未有之大变局。国际经济合作和竞争局面正在发生深刻变化,全球经济治理体系和规则正在面临重大调整,中国国内经济进入新常态,迫切需要通过创新驱动和转型升级创造新的发展红利。中国需要抓住机遇加入新一轮全球化竞争,内外联动推进中国的改革开放,维持已经取得的贸易优势,提升资本优势,建立人才优势,在全球治理中占据主动,推动全球化的进程。

国家主席习近平曾把百年留学史概括成一部"索我理想之中华"的奋斗史,高度赞扬留学人员促进了中国从封闭到开放、从落后到富强的伟大历史性跨越，希望新一代海归继承和发扬留学报国、振兴中华的光荣传统和爱国主义精神，勉励广大留学人员刻苦学习、创新创造、促进对外交流，为实现中华民族伟大复兴的中国梦书写绚丽篇章。他希望广大留学人员在创新创造、促进对外交流等方面发挥出更大的作用。这充分反映出党和国家对留学人才的尊重与重视。在全球化新阶段，广大中国留学人员将担当起新的历史使命。

发挥融通中西的独特优势，助力"一带一路"建设从全球治理倡议转化为国际多边合作机制，从愿景变为现实。在逆全球化、反全球化的声音甚嚣尘上之际，中国提出并积极倡导的"一带一路"无疑为重振全球化提供了新视角和新动能，为新兴市场国家走向国际舞台中央开辟了新方向。广大海归群体可以发挥学贯中西的特点，对外担当好祖国的代言人，对内用自己的真知灼见推动"一带一路"倡议多边发展，让"一带一路"在中国创新全球化发展的过程中发挥更大作用。

以国际多元文化的碰撞推动创新，真正成为创新驱动发展的催化剂和新动力，勇立潮头成为创新创业的主力军。广大留学人员应结合全球科技发展的新趋势，不断拓展创新创业领域，让高科技发挥更大的经济价值，在人工智能、云计算、大数据、智能制造、新能源等尖端行业助推中国在工业 4.0 中抢占制高点。

在中国走向国际化的过程中，广大海归群体可促进社会文化创新，推动多元文化协调融合。海归带回国的不仅是先进的技术，更是开放的思想。他们可成为中国在环保、慈善、公益、非营利组织等各类社会组织中的创新力量，通过创立社会企业、智库等，更直接地反哺社会。在中西碰撞中，海归群体将为中国文化软实力的增强和国际话语权的提升贡献更多力量。

在新中国成立 70 周年之际，海内外中华儿女，尤其是广大留学人员，作为中国人才库、智囊和民间外交生力军的重要组成部分，在变革的新时代中迎来了逐梦与报国的宝贵历史机遇。新时代的海归群体既是推动中国融入全球化的重要力量，更是中国发展全球化的主力军。他们将以向世界传递中国声音为己任，以延续"两弹一星"精神为理想，以创新祖国建设为目标，推动中国全球化创新发展，为实现祖国下一个辉煌 70 年而不懈奋斗。

（原载于《北京青年报》，2019 年 9 月 29 日，有改动）

# 国际人才引进亟须提升服务效益

人才是国家科技创新的核心力量，当今世界国家之间的"人才争夺战"愈演愈烈。2008年，我国启动了"海外高层次人才引进计划"，逐渐加入到对国际人才的争夺之中。然而，中国引进国际人才在质量和数量上还有很大的提升空间，需要逐步调整国家人才计划，吸引海外高层次人才。要打赢国家间的"人才争夺战"，前期工作需要更高层面的统筹和各部门的积极协调，应当加大吸引海外顶尖人才的回流力度，出台"资深人才计划"，吸引55岁以上资深海外人才来华，后期则应提供充足的研究经费、有国际竞争力的收入和权益及充分的研究自由。

2018年是中国改革开放40周年，改革开放取得巨大成功的同时，我们仍在探求未来发展之路，而人才的发展是其中的一个重点。近期，国内多个城市展开如火如荼的"人才争夺战"，而国家之间的"人才争夺战"早已开始，许多国家对引进国际人才高度重视。我们都知道"钱学森一个人能顶五个师"的说法，世界上很多国家都设立有寻求国际人才的专门机构，如"联系新加坡""德国学者组织""海外印度人事务部"等。美国、德国、新加坡、印度、日本、韩国等国家在寻求人才方面的做法格外突出，诸多行之有效的举措也支持了这些国家的经济快速发展。

虽然起步较晚，中国也逐渐加入国际人才的争夺之中。2000年以来，一些中央直属企业高管职位开始尝试面向海内外公开招聘。2008年我国启动了"海外高层次人才引进计划"，截至目前，该计划已分12批引进6000余名高层次学科带头人、产业带头人和创新创业人才，对我国经济社会发展起到了重要的推动作用。

当前，中国引进国际人才在质量和数量上还有很大的提升空间，需要结合新的情况逐步调整国家人才计划。近日，美国众议院通过一项修正案指出，如果学者个人参加中国、伊朗、朝鲜或俄罗斯的人才计划，他们可能无法获得国防部的教育或学术培训以及研究经费，中国的"海外高层次人才引进计划"被修正案的提出者、众议员迈克·加拉赫（Mike Gallagher）拿来做了例子。无论这一修正案最终会不会被通过，都说明我国的"海外高层次人才引进计划"已经产生了足够的影响力，引起了有关国家的密切关注。另一方面也表明，中国引进国际人才的工作将面临更多的挑战。

吸引海外高层次人才，打赢国家间的"人才争夺战"，前期把国际人才引进来很重要，后期让这些人才真正发挥作用和留下来同样重要。这就需要了解国际人才运行的规律和国际惯例，及时把握和调整国家的人才政策。

我国人才引进前期工作需要更高层面的统筹。国际高层次人才引进工作不仅需要国家的政策支持，还需要各部门积极协调。目前"海外高层次人才引进计划"由海外高层次人才引进工作小组组织领导、统筹协调，并由中央组织部、人社部、教育部等多个部门组成，而吸引国际高层次人才，需要更专业、更集中的部门在全球搜索、关注、了解、挖取人才。在此过程中要努力解除人才的后顾之忧，人才来华后的配套服务工作需要进行专业化操作，这些都需要更高层级的部门来进行高度统筹。

同时，引进高层次资深国际人才应当进一步放宽门槛。目前"海外高层次人才引进计划"有年龄不超过55岁的限制，且没有专门针对55岁以上资深海外人才的计划。我国20世纪八九十年代出国的大批优秀高精尖留学人员，一些留在海外并取得了重要成就，他们大多超过了55岁，希望回国发挥作用，但在年龄问题上受到政策限制。为此，应当加大吸引海外顶尖人才的回流力度，出台"资深人才计划"，吸引55岁以上资深海外人才来华。

对国际人才的后期服务工作也十分重要。充足的研究经费、有国际竞争力的收入和权益、充分的研究自由，是发挥人才作用和留住人才的关键。引进国际人才只是开始，把高层次国际人才留在中国，才是打赢国家间"人才争夺战"的关键。美国对他国人才引进计划的"反击"也提醒我们，要注意国际人才所在国的背景和对人才流动的规定，提前做好预案，如提前了解所在国的人才流动政策，对"海外高层次人才引进计划"专家因无法申请到所在国的经费而给予一定的补偿等。

在全球化时代，全球化人才市场对国际人才有其"全球定价"，特殊人才需要特殊待遇。对于一些国内紧缺、社会发展急需的国际人才，引入时要采取灵活的薪金制度，可以考虑以高出国际同行水平的薪酬待遇，以聘任制进行专才专用。国际人才引进之后，要兑现引进人才的政策和承诺，还要解决包括归国华人在内的海外专家在国内的退休待遇问题，建立外籍人才社会保险机制。

（原载于《北京青年报》，2018年6月3日，有改动）

# 国际人才政策再突破,"华裔卡"可堪大任

近年来,各地陆续出台引才用才政策,吸引更多外籍人才来华工作。海外华人在享受不断开放和完善的归国创新创业的政策环境时,仍然在出入境政策、侨资企业注册程序、华人亲属的社会保障等方面遇到障碍。未来,中国可以参考"海外印度人身份证",比照港澳台同胞的"回乡证"或"台胞证"待遇,考虑设立"华裔卡",让已经加入外国国籍的原中国公民能重新获得在中国居住、生活、工作等准国民待遇,清除海外侨胞在投资、工作、生活、子女教育等各方面的障碍。此外,还应当从顶层机构管理上进行改革,保障我国在激烈的国际人才竞争中占据有利地位。

引进用好外籍人才是我国人才工作的重要组成部分。李克强总理在2018年的政府工作报告中指出,过去五年,政府加大引智力度,来华工作的外国专家数量增加了40%。深化人才发展体制改革,推动人力资源自由流动,鼓励海外华人回国创新创业,拓展外籍人才来华绿色通道,政府工作报告为未来人才工作指明了方向。

为吸引更多外籍人才来华工作,以2018年2月北京市发布《关于深化中关村人才管理改革构建具有国际竞争力的引才用才机制的若干措施》为代表,各地引才用才政策陆续出台,为进一步扩大人才对

外开放，打造引进人才新优势，着力吸引聚集国际化战略科技人才、科技领军人才、青年科技人才和高水平创新团队创造了政策条件。

近年来，从上海人才政策"12条""20条"和"30条"的不断创新，到北京"中关村政策"的出台，再到《外国人才签证制度实施办法》在全国范围内全面实施，我国在激烈的国际人才竞争中奋勇直追。这些政策牵涉到人才引进、人才培育和人才服务的各个方面，涉及面之广，改革力度之大，在我国人才制度改革史上是少见的。

如今，中国经济的稳健、快速发展，吸引了越来越多的海外华人回国报效祖国。同时，随着海外华人对祖籍国的认同感不断提高，越来越多的华人愿意携带资金、技术等归国创新创业，并希望能扎根中国。人才是实现民族振兴、赢得国际竞争主动的战略资源，十九大报告提出"聚天下英才而用之，加快建设人才强国。实行更加积极、更加开放、更加有效的人才政策"。海外华人是我国能引得进、留得住、用得好的最大海外潜在人才群体，也是我国扩大对外开放的重要支持力量。因此，参与全球人才竞争，创建具有国际竞争力的人才制度至关重要。

我国海外华人归国创新创业的政策环境已不断开放和完善，同时，我国是世界上少数实行单一国籍制度的国家之一，且永久居留证申请门槛较高，永久居留证的含金量也有待提高。大多数海外华人希望顺畅地回流中国、顺利地在华创业就业、顺心地安居生活，然而实际上并不一帆风顺。如在回流方面，海外华人便利出入境政策在全国的普惠度还不够高。在投资创业方面，注册侨资企业无异于注册外资企业，相较内资企业限制过多，程序相对复杂，导致一些华人回国均以亲属代持股份的形式创业，给日后公司股改、上市、董事会决议等都造成诸多不便。在安居生活方面，其子女入学、社会保障等方面也存在一些问题。这些都在一定程度上影响了华人参与祖国经济建设，有违中国政府吸引华人归国的本心。

笔者认为，相关部门有必要考虑设立"华裔卡"，让已经加入外国国籍的原中国公民能重新获得在中国居住、生活、工作等准国民待遇，清除海外侨胞在国内外流动、投资、工作、生活、子女教育等各方面的障碍。同时，结合我国实际国情和海外华人的需求，对"华裔卡"的发放对象、发放方式、权利待遇、实现路径等进行设定。

美国是世界上受益于外籍人力资源最多的国家，移民已成为美国科技创新的重要力量，在美国获得的创新专利量占到了总量的三分之一。移民创建了美国国内占总量四分之一的高科技公司，美国市值前50名的上市公司中，有近一半是移民创建或共同创建的。相较之下，中国的国际人才政策还有一定的差距，我们应该坚持人才改革的正确方向，继续创新相关人才政策机制，用好海外华人这笔宝贵的"人才财富"。应当认真研究评估"华裔卡"制度的可行性和引才用才效果，争取尽早付诸实施，促进海外华人为国家建设做出更多贡献。

此外，不仅要从人才政策上，还应当从顶层机构管理上进行改革，保障我国在激烈的国际人才竞争中占据有利地位。全国人大会议通过的国务院机构改革方案决定，组建由公安部管理的国家移民管理局，负责外国人停留居留和永久居留管理、难民管理、国籍管理等。以此为新起点，我国还应当加强统筹外籍人才引进，建立国际人才信息库，吸引国际人才专家，管理海外国家猎头，开展国际人才研究等方面的工作，为建立和完善具有国际竞争力的人才制度做出不懈努力。

（原载于《北京青年报》，2018年4月15日，有改动）

# 中关村如何更好地发挥引才标杆作用

近年来，中关村大力推进人才发展体制机制改革与政策创新，"中国硅谷"正在成长为"世界的中关村"。在吸引国际人才创新创业方面，中关村在取得新突破的同时，仍有很大的提升空间。如何留住人才、用好人才和最大化发挥人才作用，使"引进来"变为"留得住"和"用得上"，是中关村需要切实解决的问题。未来，中关村应当在以下几方面发力：将"同等待遇"的政策落到实处，引导社会资本向以国际人才为主的中小型创业团队倾斜，帮助国际人才方便、快速地获得准确的政策信息，以及充分吸引国际人才参与本区相关政策的制定和修改。

2018年是中关村园区建立30周年。今天的中关村高校云集，科技型企业林立，创新成果不断涌现，已成为世界知名的"创新名片"，"中国硅谷"正成长为"世界的中关村"。

近年来，中关村作为北京市建设具有全球影响力的科技创新中心的主要载体，通过大力推进人才发展体制机制改革与政策创新，包括公安部助推北京创新发展10项出入境政策措施，实施具有国际竞争力的引才用才20条政策，设立"中关村外籍人才服务窗口"等系列举措，在吸引全球优秀人才方面取得了可观的新突破，使中关村聚集了大量国际化人才，带动高新技术企业和新兴产业发展初见成效。

同时我们也看到，中关村虽然在引才上有不少突破和创新，但仍有很大的改革和提升空间，尤其是在国际人才创新创业方面，还有待加大扶持力度。从"引进来"到"留得住"再到"用得上"，需要切实发挥国际人才在"双创"中的作用。

当前，仍有一些政策限制了国际人才作用的充分发挥。比如，对外资的限制降低了国际人才创业的热情。外资企业办理业务（如国家重大项目申报、上市挂牌、与国企合作等）时，往往需要更多的时间，受到更多限制，导致国际人才不敢在自己创办的公司中持股，影响了其创业的积极性。2015年3月，中共中央国务院发布的《关于深化体制机制改革加快实施创新驱动发展战略的若干意见》明确提出，"对持有外国人永久居留证的外籍高层次人才在创办科技型企业等创新活动方面，给予中国籍公民同等待遇"，这条政策有待进一步加强落实。

此外，国际人才创办的企业融资渠道更少，更容易出现资金链断裂。国际人才在中国缺乏人脉，加之对外资企业和外籍人员管理较为严格，外籍人员创办的企业抵抗市场风险的能力更弱，在遇到大公司依靠资本挤占市场或资本市场收缩时，很可能会因为资金链断裂导致公司倒闭。

另一个突出问题是，国内制定的政策规定难以及时有效传达给国际人才。中关村推出了大量支持国际人才的政策，其中很多在全国属于首创，但国际人才要么对这些信息获取无门，要么了解到的多是二手信息，甚至对其有不准确的解读和误读。除部分专门针对国际人才的政策，不少政策信息不使用多语种发布，对那些中文不是很好的国际人才来说，即使有相应的渠道，也难以在第一时间轻松迅捷、全面准确地获得政策信息。

吸引国际化人才是人才战略的第一步，留住人才、用好人才和最大化发挥人才作用才是关键。只有解决好这个过程中存在的诸多难题，才能达到聚全球英才而用之的目的。对中关村而言，只有解决好这些问题，才能进一步促进中关村创新发展，成为北京乃至全国的人才使用标杆。

为此，中关村应当在以下几方面发力。首先，允许符合条件的优秀国际人才创办的高新技术企业享受内资待遇，"同等待遇"的政策应当落到实处。可以进一步扩大受众群体，在"持有外国人永久居留证"的基础上，允许优秀的国际人才或特定群体（如优秀毕业生、华人等）享受内资企业待遇，鼓励其在中关村创新创业。

其次，在目前资源愈发向"头部"集中的趋势下，由于国内资本对短期回报的偏好，以及大型企业对中小型企业的挤压，中小型创业团队的生存空间逐渐减少，为保护和提高国际人才的积极性，应引导社会资本向以国际人才为主的中小型创业团队倾斜，避免其因抗风险能力弱而在市场波动中夭折。

再次，帮助国际人才方便、快速地获得准确的政策信息。政策宣传应多选择国际人才喜欢的方式，如通过电子邮件、政策简报等途径，直接将相关人才政策推送给国际人才本人（或专门面向国际人才的公共信息平台），避免信息传递过程中出现缺失和障碍。同时应注重政策的多语言版本发布，建立多语言界面且及时更新的国际化政策宣传信息平台。

最后，要充分吸引国际人才参与本区相关政策的制定和修改，让服务对象参与公共政策评价，及时针对用户需求出台和调整政策。可以设立"国际人才创新创业协调小组",其中包括一定比例的国际人才代表,形成一个机制化工作团队,执行从调研到协调等一系列工作,创造有利于国际人才充分发挥作用的环境。

随着中国对外开放不断深入,国际化人才利用将越来越成为关系发展的重要因素。中关村利用国际化人才的探索和实践,将为北京市实施国际人才战略提供有价值的经验积累,为北京未来的发展提供强有力的人才保障。

(原载于《北京青年报》,2018年11月18日,有改动)

# "引进来""走出去" 中国将扩大教育对外开放

改革开放40年来，中国的快速发展很大程度上也得益于教育水平的提高。改革开放的标志性事件，就包括两个与教育相关的内容——恢复高考和派遣留学生制度。中国教育更加开放是为满足培养更多国际化人才、提高教育水平的需求，是为迎合国内外新形势的要求。中国未来发展需要更多国际化人才，这就要求中国教育更加开放，更多地依靠"自我培养"满足人才的需求。提高中国国际化教育水平，是中国教育更加开放的内在要求。扩大教育对外开放，就需要加大"引进来"和"走出去"的力度，坚持培养和引进并举，在吸引更多国际留学生和国际师资队伍的同时，推动国际学校尤其是民间教育机构"走出去"，推动中国教育更深刻融入国际化、全球化。

2019年3月20日，国家主席习近平会见美国哈佛大学校长巴科时指出，教育交流合作是中美关系的重要组成部分，有助于增进中美友好的民意基础。改革开放40年来，中国的快速发展很大程度上也得益于教育水平的提高，中国将扩大教育对外开放，加强同世界各国的交流互鉴，共同推动教育事业发展。近日，在全球化智库协办的清华大学论坛上，举办了以"改革开放四十年与教育理念更新"为主题的第二届全球教育五十人论坛,研讨下一个改革开放40年中国教育理念更新,推动中国教育更加开放。

改革开放40年来,伴随着各方面的快速发展,中国教育质量得到大幅度提升,教育的提升又推动了社会经济各方面快速发展。改革开放的标志性事件,就包括两个与教育相关的内容——恢复高考和派遣留学生制度。下一个改革开放40年的历程刚刚开始,中国教育要取得更大的发展,改革和开放是必由之路,而且开放在这个全球化的时代更为重要。经过改革开放,中国已成为世界第二大经济体,教育也可以通过加强合作,推动中国成为世界第二大教育强国。

中国未来发展需要更多国际化人才,这就要求中国教育更加开放。经过改革开放40年,中国经济取得了长足发展。随着人口红利的逐渐消失,中国走向全球化的步伐加快,中国未来需要更多国际化人才。中国通过制定吸引国际人才计划,吸引海归、国际专家,为中国的经济发展提供了大量的国际化人才。需要关注的是,中国的国际化人才缺口依然很大,仅依靠吸引国际人才的方式已无法满足发展的需求,我们应更多地依靠"自我培养",才能满足人才的需求。发展中国教育,推动教育更加开放,坚持培养和引进并举,这样才能为中国未来改革开放提供大量的国际化人才。

进一步扩大中国教育开放,推动中国教育更深刻融入国际化、全球化,现在恰逢其时。中国领导人多次强调中国将更加开放,特别是2019年两会通过了《外商投资法》,中国承诺进行新一轮改革开放,在教育领域更加开放也符合中国对外开放的要求。同时,中国"一带一路"如火如荼地发展,中国的企业走出国门,为中国教育"走出去"提供了良好的环境。

提高中国国际化教育水平，是中国教育更加开放的内在要求。然而，较长一段时间以来，中国教育发展落后于经济发展。在QS全球教育集团发布的2019 QS世界大学排名中，11所中国大学进入世界百强，内地有6所大学进入百强，有一定的突破，但从整体而言，内地3000多所高校仅有6所大学进入百强，整体比例还是较低的。

中国有一些中外合作大学，但数量太少，难以形成强大的合力。外国来华留学生的比例长期偏低，目前来华留学生只有40多万人，读学位的只有20多万人，而且国际师资队伍也很少，只有不到1%的比例，这在全世界都是比较低的。

中国教育"走出去"的程度也亟待提高。中国目前仅有厦门大学在马来西亚创办大学，虽然已取得了一些成果，但中国的国际学校还没有在海外形成规模。而且"一带一路"沿线中国企业发展迅速，但中国在当地的国际学校却没有形成良好的配合效应。

中国教育更亟须加强"引进来"。要加大引进教育投资，创办更多中外合资、有独立法人的学校。在《外商投资法》已经通过的背景下，教育部门可以在改革开放的新节点上，趁着中外合资法新的更大尺度，推动中外教育合作开放的突破，加强国际办学，在建立学院上给予独立法人更大的突破。

中外教育良好的交流，有助于推动中国教育的国际化水平。目前政府推出了很多政策，留学生可以在中国实习，甚至可以创业就业，这方面的政策幅度可以更大，并加快落实的步伐，吸引更多国际留学生和国际师资队伍。要适当开放中国教育市场，吸引更多国际知名院校在华建立分校，秉持开放的观点，形成更大程度的教育资源交流与合作。

目前，中国学生"走出去"留学已成为常态，中国也成为全球最大的留学生输出国。中国的国际学校尤其是民间教育机构也应"走出去"，特别是"一带一路"不仅要支持企业"走出去"，还要在海外创办国际学校，为国际学校和大学"走出去"提供条件。中国在海外的国际学校很少，而中国在海外有大量的企业，员工的子女没有很好地接受中国教育，所以在海外办国际学校有很大的现实需求，这一块市场需要及时补上并做好做强。

进一步扩大中国教育开放，提高中国教育国际化、全球化水平，事关中国国际化人才的培养和发展，事关中国实现改革开放下一个40年的辉煌。对此我们要有良好的期待，更要有积极的行动。

（原载于《北京青年报》，2019年3月24日，有改动）

# 中国发展跨国高等教育前景可期

近日，笔者所在的全球化智库邀请美国顶级高校杜克大学校长文森特·普莱斯（Vincent Price）发表题为"超越国界的高等教育模式及全球化背景下的大学创新"的专场演讲，对跨国高等教育模式的未来发展之路进行探讨。

改革开放40年来，中国的高等教育和留学教育取得了突飞猛进的发展，为中国改革开放奠定了重要的人才基础。随着全球化新时期的到来，随着中国对外开放程度不断加深，中国在全球舞台上发挥着越来越重要的作用，需要培养更多具有全球化视野的人才。为此中国教育需要进一步走向国际化，而推动跨国高等教育的发展，是中国教育走向国际化的重要路径。

跨国高等教育是教育国际化的必然产物，是国家培养国际化人才的一个重要方向。跨国高等教育表现为多种形式，主要包括授权办学、项目合作、建立分校、海外学校等，中国跨国高等教育的主要形式是"中外合作办学"。

2003年《中外合作办学条例》实施以来，中国跨国高等教育迎来良好机遇。近年来，中国一跃成为全球第二大经济体，并提出共建"一带一路"倡议，在全球治理中发挥更大的作用，世界对中国的关注越来越多，中国跨国高等教育发展明显提速。在中外合作办学方面，清华大学苏世民学院、江苏昆山杜克大学和浙江宁波诺丁汉大学做出了积极有益的探索。

2019年3月，习近平主席在北京会见哈佛大学校长巴科时提出，我们将扩大教育对外开放，加强同世界各国的交流互鉴，共同推动教育事业发展。中国发展跨国高等教育，符合"扩大教育对外开放，加强同世界各国的交流互鉴"的精神，是中国教育领域扩大开放的生动见证。

中国发展跨国高等教育具有突出的优势。跨国高等教育以更本地化的方式在中国培养国际化人才，不仅有符合中国本地学生特点的教育方式，还兼具国际化的教育理念。在这一背景下，从全世界招收优秀学生，在教学和学习中增强国际视野，使毕业生拥有丰富技能和较高智力的发展目标，学生可以学到中国的传统文化，也能更多地从国际化的视野来应对未来的全球化问题，为未来中国培养更多立足中国、具有全球视野的国际化人才。

跨国高等教育有助促进国际交流。据杜克大学校长介绍，目前江苏昆山杜克大学一年级班有175名来自中国的学生，有80多名来自世界各地的学生，大约一半的国际学生来自美国，到2020年将有225名左右来自中国的学生和100名左右的国际学生。来自国内外的学生在中国的国际化大学学习，将使国际学生更加了解中国，也使中国学生更加了解世界，对于促进中外尤其是中美之间未来的交流合作有着深远影响。

跨国高等教育有助于促进中国教育更加开放。跨国高等教育是对中国传统教育国际化的延伸，对中国高等教育模式和高等教育格局改革有着重要的助推作用。近日公布的2019年泰晤士高等教育亚洲大学排行榜上，清华大学排名第一，这与清华大学过去三年在全球招收国际化学生，进行国际化教学，提升了大学的国际化水平不无关系。

当前，中国跨国高等教育存在着一些亟须改善的地方，首先是国际化与本地化的结合有待加强。跨国高等教育作为一种新兴教育模式，需要解决实际面临的一些问题，如学生的餐饮、住宿等生活习惯及文化差异引发的问题，如何处理大学与当地居民、社区的关系。其次，中国教育国际化水平有待提升，中国大学在国际上排名还不够高，来华留学生比例还相对较低。再次，跨国高等教育理念尚未广泛传播，不少家长和学生对跨国高等教育没有形成良好的共识和信任。

政府应当对跨国高等教育给予更多支持。我国已颁行《外商投资法》，有利于在改革开放的新节点上，推动跨国高等教育实现新的突破，满足独立法人更多的办学需求。我国跨国高等教育以中外合作在中国办学为主，这不仅涉及教育，还涉及外事，因此需要政府相关机构给予更多支持，包括教育资源、师生资源、土地资源等方面的支持，也包括跨国高等教育服务方面的支持。

跨国高等教育要结合"一带一路"建设成果，促进"一带一路"倡议在教育领域实现突破。中国科学院已宣布实施"一带一路"硕士生奖学金计划，跨国高等教育如果与"一带一路"教育项目合作，可望推动建立更多类似的留学生教育项目。目前国际学校在中国有600多所，而中国海外国际学校从数量到质量还有巨大提升空间，中国的国际教育需要进一步"走出去"。

（原载于《北京青年报》，2019年5月5日，有改动）

# 两会带给留学人员广阔机遇

新冠肺炎疫情是21世纪以来人类历史上遭遇的最严峻的全球性公共卫生危机事件，更是对人类社会发展的一次考验。在持续5个多月的抗疫中，中国正逐渐走出疫情带来的阴霾。5月21日，随着全国政协十三届三次会议召开，今年这场特别的两会拉开了序幕。两会一直是我国政治、经济发展蓝图的重要支撑，今年的两会更是尤为重要。面对疫情带来的各种挑战，两会对我国稳定社会就业、恢复经济发展和推动全球化进程的意义非凡。对广大中国留学人员来说，今年两会释放出的开放与创新信号，更是为大家指明了回国发展的广阔机遇。

## 开放，为留学人员回国发展搭建舞台

留学人员是沟通中外的桥梁和纽带，更是推动中国不断开放的重要力量。从"两弹一星"元勋，到带领中国企业走向世界的商业精英，再到如今的回国潮，广大留学人员始终扮演着连接中国与世界的重要角色，更驱使着中国不断朝更加国际化的方向发展。

李克强总理在做政府工作报告时指出，面对外部环境变化，中国更要坚定不移地扩大对外开放。从"坚定不移"四个字来看，中国对开放的态度显而易见，这种开放为广大留学人员实现学以致用搭建了广阔的追梦舞台。

新冠肺炎疫情在全球蔓延造成的恐慌致使保护主义、民粹主义和单边主义等"逆全球化"思潮再一次发酵泛滥。当一些国家为了暂时的不安而封闭国门时，中国却选择了继续开放的道路，这种精神难能可贵。

从2013年中国（上海）自由贸易试验区发布第一份外资准入负面清单开始，这份清单上的条目已经从122项减少至37项，适用于全国的负面清单也从最初的93项瘦身至40项。今年的政府工作报告表明，中国将进一步大幅缩减负面清单，并出台跨境服务贸易负面清单。负面清单的设置虽然是直接针对外资准入，但当更多的外企进入中国市场后，国家对国际人才的需求便必不可少。对于留学人员来说，这意味着更多优质的就业机会。

在缩减负面清单的基础上，自贸区建设也将成为中国下一步开放发展的重要抓手。开设自贸区是中国市场经济发展的重要实践，也是中国探索各种对外开放政策的重要试验。目前中国已设立18个自贸区，实现沿海地区全覆盖，内陆地区雁阵发展。在自贸区内，企业开展对外经贸合作拥有更大的政策空间和更多的优惠条件，是留学人员回国创业发展的优质选择。事实上，各个自贸区已经为留学人员回国创业出台了众多鼓励政策，如中国（上海）自由贸易试验区设置离岸创新创业基地，中国（湖北）自由贸易试验区启动全国首个海创板。中国进一步加强自贸区建设，会让留学人员回国发展获得更多创业良机，将所学转化为所用，实现自身发展价值。

深化开放为留学人员带来的发展机遇不仅存在于国内,还将沿着"一带一路"在全球扩展。疫情导致世界经济陷入低迷,贸易和投资都出现紧缩,特别是对于发展中国家来说,在疫情阴影的笼罩下,如何为经济发展注入新的动力将成为重要挑战。对此,中国发起的"一带一路"倡议便可成为疫情后推动世界经济发展的强大引擎。在疫情出现前,"一带一路"建设对世界经济发展的贡献已经有目共睹,曾有机构预测,到 2040 年,"一带一路"倡议每年有望推动全球 GDP 增长 7.1 万亿美元。疫情结束后,"一带一路"倡议对世界经济,特别是创造就业机会的贡献将进一步显现。参与"一带一路"建设对留学人员来说将是巨大的发展机遇,可以成就从一个人"走出去"到推动一个企业甚至一个产业"走出去"的跳跃。

## 创新,为留学人员实现梦想提供机遇

目前一些国家的疫情形势正逐渐趋于平缓,各国面临的经济挑战已经开始超过疫情本身带来的威胁。面对疫情,科技创新不仅对当下加速疫苗研制和量产具有关键作用,对于推动经济恢复更有着重要意义。今年的政府工作报告中多次提到"创新"二字,从科技到创业再到社会管理和政府改革,创新将继续成为推动中国发展的内在力量。留学人员是我国实现创新发展的主力军和推动力,面对疫情,广大留学人员更应敢于创新、追求创新。

新冠肺炎疫情暴露出了全球公共卫生治理的短板,而当下疫苗的研制与批量生产则是实现从根本上遏制疫情的关键。在公共卫生和疫苗研发等领域,中国已经具有一定发展基础,但要做到世界领先还需要更多创新力量,这也是海外留学人员和海归群体在未来可以投身发展的一大领域。

在全球抗疫合作过程中，约翰斯·霍普金斯大学系统科学与工程中心基于 ArcGIS Dashboard 开发的全球新冠肺炎疫情仪表盘已经成为全球运用最广泛的疫情数据标准。该数据开发团队的领衔者劳伦·加德纳教授的两位中国博士生董恩盛和杜鸿儒是这一项目的重要参与者。在公共卫生和医疗领域之外，留学人员还可以在更多科技创新领域积极参与和推动中外科研合作。

疫情期间，中国经济虽然遭受了严重冲击，制造业和服务业等行业因疫情防控相关措施而有所停滞，但与此同时也促进了众多以互联网为依托而发展的新业态。如网络医疗、在线教育、远程办公、网络会议、全渠道生鲜零售和社交电商等行业发展迅速，形成了互联网＋产业新模式。这种疫情激发的产业创新在本质上顺应了未来智慧城市的发展潮流，并代表了产业互联网的未来。其中，社交电商这一创新电子商务发展模式或将在后疫情时代在拉动内需、增加就业、脱贫攻坚等方面做出积极贡献。留学人员在学成回国就业时，可以更多关注互联网＋的产业升级发展趋势，积极投身于创新领域。

中国互联网经济的快速发展离不开坚实的"新基建"基础。在今年两会上，"新基建"和 5G 网络建设不仅在政府工作报告中得到重点体现，更成为人大代表和政协委员们热议的话题。这也预示着未来中国将在这一领域增加更多投入。目前，以华为为代表的众多中国企业已经占据世界领先地位，这些成果的取得离不开国际化人才的贡献。随着中国"新基建"逐步走向全球，留学人员作为我国国际人才的重要组成，可把握"新基建"发展带来的就业和创业机遇，在"新基建"领域贡献更多创新力量。

## 两会，为留学人员发挥己长指明方向

新冠肺炎疫情带来的危机虽会激起波澜，但不会改变中国经济这片汪洋大海。面对疫情，中国经济展现出了顽强韧性，并将成为后疫情时代世界经济恢复的驱动力。在中国各项事业的发展中，广大留学人员应从自身做起，积极参与祖国建设，做好中外交流的使者。

在海外的学习生活中，留学人员应开拓国际视野，积极关注国内发展动向，不与祖国脱节。随着中国全球化发展的不断推进，中国与国际社会也将更加接轨。但与国外相比，中国的市场和社会发展也有着自己的特点和特色。对留学人员来说，出国留学是为了在跨文化学习过程中提升自己的专业技能，培养国际化思维方式，而当大家准备回国发展时，应思考如何将自己的优势更好地与中国发展有机结合。

新冠肺炎疫情是加速全球秩序变化的催化剂。这些变化不仅体现在大国地缘博弈、国际自由贸易发展和全球金融市场动荡，更体现在每一个群体和每一个个体的发展和成长中。两会是中国经济未来一段时期发展的风向标，也为海外留学人员和海归群体指明了在中国发展的广阔机遇。作为推动中国不断走向开放和实现创新发展的重要力量，留学人员应以昂扬的斗志为祖国发展做出贡献，努力在中国市场经济的广阔舞台上实现梦想。

（原载于《神州学人》，2020 年 5 月 29 日，有改动）

辑四

开放之路：
新的大门如何向世界打开

# 新经济时代中国发展的新思考

"变局"二字是对当今国际形势的精准概括。新技术的快速发展一方面推动了新经济的增长，另一方面也在影响着世界格局的变化。日前，由彭博（Bloomberg）发起的"创新经济论坛"在北京成功举办。本届论坛以"新经济，新共同体"为主题，全球60多个国家500多名政商界代表出席。笔者应邀参与多场讨论。笔者在与包括美国前国务卿基辛格博士在内的参会嘉宾交流时，深刻地感受到世界各国对中国的新经济发展充满期待，希望中国可以推动多边合作发展和创新，为世界经济增长做出更多贡献。

近年来，以美国为中心的国际秩序正在悄然改变。随着中国、印度、巴西等新兴市场国家的崛起，世界格局的多极化趋势更加明显。同时，气候问题、环境污染和逆全球化等众多全球性危机接踵而至。美国作为世界第一大国，却偏离了合作轨道，大肆挥舞单边主义的大旗，为本就挑战重重的世界经济蒙上了一层阴影。面对众多不确定性，各国需要联手合作，共同寻找解决方案。

中国是多边主义合作的支持者和践行者。改革开放以来，中国对世界经济发展做出了巨大贡献，中国的发展模式也为世界经济发展带来了新的思路。正如国家副主席王岐山在本届"创新经济论坛"的开幕致辞中所说,"只有敢于创新、勇于变革,才能把主动权牢牢掌握在自己手中",要想在这场世界"变局"中开辟新的发展道路,就需要以创新的思维构建更加公正合理的全球治理体系。本届论坛上,各国嘉宾对中国的发展模式进行了深入探讨,这显示出世界已经开始正视和逐步接受中国的创新发展模式,并思考改变以西方为主导的固有发展路径。

通过坚持创新,中国已成为新经济发展的大沃土。中国坚持走符合国情的发展道路,从一穷二白的落后状态,迎头赶上,带领7亿多人口实现脱贫,成为世界上最大的新兴市场国家。在创新发展的推动下,中国在AI、5G通信技术、大数据、云计算等新技术领域走在了世界领先行列。在技术和资本的驱动下,零售、汽车和房地产等许多传统产业正在升级发展,新技术的应用场景也在不断拓宽。这种新经济发展趋势不仅可以推动中国国内经济增长,更影响着世界经济的发展模式。现在,不仅阿里巴巴、华为、字节跳动等中国的大科技公司在国际主流市场上拥有一席之地,许多独角兽企业也在积极"走出去",走向欧美市场,开发新兴市场。

中国庞大的中产阶层孕育着巨大的市场潜力。中国营商环境的优化,政策的开放,正吸引着全球企业来中国寻找商机。2019年以来,中国先后颁布了《外商投资法》和《实施条例》,大幅开放金融领域。外资金融机构进入中国后,将进一步提升中国的营商环境,让外资进入中国更容易,也更安全。对外资来说,中国新经济行业的迅猛发展也为其带来了新机遇。花旗银行、汇丰银行、摩根大通等外资投行近年来纷纷根据中国新经济企业的发展需求调整自身构架，引入金融科技，为新经济企业发展提供更全面优质的服务。

在新经济时代，中国不仅需要对自身发展定位进一步思考，也需要对自己在国际社会中的角色进行新的思考。随着中国经济实力的增长和国际地位的提升，越来越多的国家希望中国能在发展自身经济的同时，在国际合作中贡献更多力量。不久前，WTO 副总干事在全球化智库发表演讲时便明确表示，中国具有领导 WTO 改革的能力，希望中国可以帮助制定和实施"WTO 2025"议程。的确，中国在国际社会中不再可以只顾自己发展，更需要承担一些领导责任，主动参与到国际议题的讨论中。

中国承担领导责任，主动参与国际议题讨论并不意味着要向世界"输出"自己的发展模式，或是推翻现有的多边机制，而是在与世界各国的合作中起到更大的推动作用，在中国具有优势的全球治理领域凝聚共识，用更加开放的姿态与世界各国进行交流与沟通。

开放战略是推动中国发展的强大动力。在开放市场的同时，我们也要更多地开放我们的思想和心态，欢迎世界各国来到中国，发现中国，了解中国。本届"创新经济论坛"的主办方之一是美国企业彭博。他们运用自己丰富的国际资源和国际影响力，让来自各国的政商学界精英人士在中国发起对中国发展模式和新经济行业未来的探讨，并探寻应对全球挑战的解决方案，事实上打开了世界了解中国的一扇窗，有利于推动中国进一步融入国际社会。我们应该鼓励更多的国际机构在中国举办这样的活动，一方面将多元化的思想带入中国，另一方面也让中国声音走向世界，共同构建更加包容和公平的全球化。

同时作为国际社会的重要一员，中国正与世界各国一同接受"百年未有之大变局"的考验。中国未来的发展道路不可能是一帆风顺的，必将会经历风风雨雨。因此，我们需要未雨绸缪，做出新的思考，把握新经济时代的发展机遇。

（原载于《北京青年报》，2019年12月1日，有改动）

# 外商投资立法将对外开放推向新高度

李克强总理在2019年的政府工作报告中提出，要大力推进改革开放，加快建立统一开放、竞争有序的现代市场体系，加强公正监管，打造法治化、国际化、便利化的营商环境，让各类市场主体更加活跃。加大吸引外资力度，进一步放宽市场准入，缩减外资准入负面清单，允许更多领域实行外资独资经营。加强外商合法权益保护，加快与国际通行经贸规则对接，提高政策透明度和执行一致性，营造内外资企业一视同仁、公平竞争的公正市场环境。

同时，《外商投资法》草案提请十三届全国人大二次会议审议，中国再次以实际行动表明坚定不移推动高水平对外开放的原则和立场。全面反映我国改革开放的新理念、新思路、新举措，对于新时代推动形成我国新一轮高水平对外开放新格局具有重要促进和保障作用。政府工作报告对打造国际化营商环境和加大吸引外资力度的部署，以及《外商投资法》立法受到国内外的高度关注，表明中国对外商投资的重视和保护力度有了新的提升，中国投资环境一定会越来越好，各国企业在华发展机遇一定会越来越多。

改革开放40年来，外商对中国经济社会发展做出了不可忽视的重要贡献，未来也将继续发挥更大的作用。外商也是在中国注册的公司，在中国照章纳税，为中国的经济、就业、纳税等做出巨大贡献，未来应把它们视为与中国公司同等的地位，要更加突出外商其"商"的作用。

商务部数据显示，2018年全年实际使用外资创历史新高，全国新设立外商投资企业60533家，同比增长69.8%。李克强总理在政府工作报告中指出，2018年中国实际使用外资1383亿美元。外商在稳定就业方面也发挥着重要作用。据估计，2017年全部外商投资企业吸纳的直接就业人数超过4500万，而随着外商企业的增多，吸纳的就业人数则更多。根据商务部的统计，截至2016年，中国累计设立外商投资企业85万家，实际使用外资1.72万亿美元，连续24年居发展中国家首位。

外资企业创造了我国近一半的对外贸易、1/4的工业产值、1/5的财政税收和1/7的城镇就业。仅美国在华的投资来看，截至2017年，美国累计在华设立外商投资企业约6.8万家，实际投资超过830亿美元。外商不仅对中国经济有着巨大的拉动作用，也有助于中国稳定就业，还为中国经济发展带来了先进技术，为中国培养了大量的人才，丰富了中国各行业的多样性人才，为中国民企及各行各业的人才发展提供了优秀的范例和基础。

制定《外商投资法》，将有助于解决目前在华外商遇到的一些问题。《外商投资法》"坚持内外资一致"，传递出中国坚定不移扩大对外开放的强烈信号，也是展现"中国开放大门只会越开越大"的决心，可以进一步加大外资对中国经济的贡献力。加强对外国投资者合法权益的保护，包括对知识产权的保护，并规定不能利用行政手段强制外商转让技术，为外商在中国发展营造良好的营商环境。平等友好的营商环境将吸引更多的国际资金进入中国，从带动就业到出口等各个环节拉动中国经济向好发展。外商在中国加大投资，将使中国的经济更加"外向"，使中国与世界经济的联系更加紧密。

《外商投资法》是未来进一步改革开放的新举措，也是促进社会主义市场经济健康发展、实现经济高质量发展的客观要求。改革开放以来，《中外合资经营企业法》《外资企业法》《中外合作经营企业法》相继出台，给外商在中国的发展奠定了基础。近年来，随着新形势、新环境的变化，外商在华的发展情况也发生变化，与时俱进，推进未来下一步改革开放，《外商投资法》为构建开放型经济新体制，以更优、更佳、更合理的方式为外商在中国的投资、落地奠定法制基础。

《外商投资法》将有效降低外资准入门槛，提升中国公开、透明、公正的市场形象，从而有利于缓解我们来自国际上的压力，为中国参与世贸组织现代化改革以及未来加入以CPTPP为代表的自由贸易体系奠定了基础。同时，外商在华权益得到保障，可以有效减轻外国政府对中国企业海外投资的压力，有利于我国企业走出去进行投资并购等市场开拓发展。

中国经济在未来的崛起过程中，外资是重要一环。在华外商在中国的重要性也愈加突出。通过多方渠道的努力，加快建立统一开放、竞争有序的现代市场体系，放宽市场准入，加强公正监管，打造法治化、国际化、便利化的营商环境，最终使我们的投资环境越来越好，外资发展机遇越来越大，从而实现中外共同受益的双赢局面。

（原载于《北京青年报》，2019年3月10日）

# 进博会赋能中国开放新发展

在世界经济发展下行压力大，贸易保护主义在世界多国纷纷抬头的背景下，作为世界第一大出口国家，中国连续第二年举办了国际进口博览会。这种对比充分展示了中国不断开放的正面形象。

近年来，贸易保护主义持续发酵、贸易战频繁发生，而作为"二战"以来国际经济秩序的根本机制——世界贸易组织却面临改革难题，无法发挥其应有的作用去解决争端与矛盾。WTO在其发布的最新一期《全球贸易数据与展望》报告中将2019年全球贸易增长预期由此前的3.7%大幅下调至2.6%。这些挑战与冲击让世界经济格局趋于复杂化发展。在这种形势下，闭关锁国并不能保护本国经济，只有开放国门，积极投身于国际多边合作，才能逆流而上，实现经济可持续发展。

中国是现有国际秩序的受益者，是多边合作和自由贸易的坚定支持者。新中国成立以来，中国经济发展实现了一个又一个里程碑。在改革开放后，加入WTO为中国实现经济腾飞提供了巨大助力。据统计，我国2018年的GDP是入世前的8倍还多。在改革开放以来的40年间，累计超过7亿人口脱离贫困。美国前财长、哈佛前校长萨默斯在全球化智库演讲时曾赞叹这种成就甚至超越了第一次工业革命在此方面的影响。

2019年是新中国成立70周年，也是新时代改革开放再出发的第一年。在此关键时间节点，第二届进博会的举办显示了中国的开放心态和博大胸怀。新中国成立后，为了给本国企业创造更多发展契机，首届中国出口商品交易会于1957年正式开幕，也就是大众熟知的广交会。60多年后的今天，已经成长为世界第一大出口国的中国即将第二次举办受到全世界瞩目的进口博览会。这种从"卖卖卖"到"买买买"的转变，根本上反映的是一种心态的转变——中国正在用更加开放的心态欢迎来自世界各国的贸易与投资，为维护自由贸易和多边主义合作释放出积极信号。

本届进博会延续首届传统，以第二届虹桥经济论坛作为开幕。笔者本周在参加论坛议题解读会时曾与众多专家进行讨论。本届虹桥经济论坛议题设置不仅与本届进博会相辅相成，更展示了中国负责任大国的形象。中国对国际社会热烈讨论的话题高度关注，致力于推动多边合作在新领域的发展。

进博会的连续举办预示着这一展会已经成为一种机制，是全世界企业进入中国市场的一个窗口。从这个角度出发，进博会机制仍有提升空间。

为充分利用进博会扩大进口贸易，可考虑在进博会期间引进的进口商品享受永久减税或免税政策。在首届进博会期间，进口展品在一定销售数量区间内享受免关税待遇，吸引了大量外商带着自己最好的产品渡过重洋到上海参展。如果我们能在开放的道路上再迈一步，将进博会作为"三零"贸易中"零关税"的一个试验点，这不仅能大幅提升进博会的国际号召力，也将为我国朝着"三零"贸易方向发展提供更多经验。

在会展服务方面，进博会也可进一步为来参加展览的各国政要、学者和企业家等人士提供签证便利，通过减少入境手续提升进博会的国际吸引力。目前我国在海南实行的免签政策大幅推动了当地旅游业的发展，海南也成为展示中国形象的一个重要窗口。如果我们把海南实行免签的经验与 APEC 商务旅行卡的经验相结合，出台"进博会商务旅行卡"，持卡者报名参会成功后，可在进博会期间免签入境上海，将有利于进博会进一步提升规格。

在会展形式方面，建议进博会在每年定期举办线下会展的同时也常年开设线上活动，将历届参展商品通过网络的平台展示给不能亲自参展的企业和民众。事实上，网上展示是一种低成本而高效率的会展模式。通过线上线下活动相互配合，进博会将进一步拉近自身与社会的距离，在促进经济发展的同时，向国内民众和来自世界的朋友持续展示中国的开放信心。

在会展成果方面，建议在虹桥经济论坛后形成《虹桥宣言》，让会议成果真正落在实处。进博会已成为我国扩大开放的实际举措，而虹桥经济论坛则进一步将进博会从商品买卖的平台提升为参与全球经济治理的一个重要场合。如果将会议成果落实为《虹桥宣言》，则可借进博会契机进一步提升我国在全球经济治理中的话语权。

此外，进博会还可成为我国与 CPTPP 成员国增加贸易交流的平台。在我国与 CPTPP 国家的密切贸易基础上，进博会又为我国提供了扩大与这些国家贸易的重要机会。这有利于我国提升在亚太经贸圈中的地位，为下一步加入 CPTPP 做铺垫，进而深度参与并推动亚太经济一体化。

改革开放没有回头路。以改革推开放，以开放促改革是中国发展的宝贵经验。在国际经济格局趋于复杂,自由贸易秩序亟待修复的形势下,中国只有在开放的道路上大步前行,才能在新时期抓住发展机遇,在下一个70年里再创辉煌。

(原载于《北京青年报》,2019年9月22日,有改动)

# 中国扩大开放有利于全球化包容普惠发展

当前，新冠肺炎疫情仍在全球持续蔓延。多位专家指出，在疫苗出现前，很可能会有第二甚至第三波疫情。美国疾控中心（CDC）主任罗伯特·雷德菲尔德警告说，第二波新冠病毒预计将于今年冬天再次袭击美国，而且可能会比第一波强得多。疫情冲击下，全球产业链、价值链出现中断，世界经济严重下滑，大国间由开放合作走向相对割裂甚至对立的风险上升，全球化面临危机。

作为世界经济的稳定器，中国经济的亮眼表现成为世界经济复苏的新希望。国家统计局发布数据显示，2020年上半年国内生产总值456614亿元，同比下降1.6%，其中二季度同比增长3.2%，GDP转负为正。"预计2020年主要经济体中唯一能够实现正增长的只有中国"，"预计2020年全球经济将下滑5.2%，中国经济有望逆势实现1%的增长"。国际货币基金组织和世界银行在最新发布的《全球经济展望报告》中传递出看好中国经济的信号。

在美国等国大搞单边主义、保护主义之际，中国仍坚定不移扩大对外开放，稳定产业链供应链，以开放促改革、促发展。近年来，中国持续扩大对外开放，改善营商环境。从2017年我国首次提出外资准入负面清单至今，限制性措施条目在过去三年已经从93项减到33项。2020年，按照政府工作报告要求，我国外资准入负面清单将继续大幅压缩，外商投资营商环境将进一步得到改善。

今年5月以来，境外机构投资限比"解禁"、外资银行业务准入放宽等多项开放新举措接连落地，金融全方位、深层次对外开放不断加码。6月1日，我国发布《海南自由贸易港建设总体方案》，海南自贸港将按照零关税、低税率、简税制、强法治原则，逐步建立与高水平自由贸易港相适应的税收制度，中国对外开放达到新的高度、广度和深度。

改革与开放相互促进、相辅相成。中国实施新一轮高水平对外开放，是实现自身高质量发展的必由之路，也为世界提供了更多发展机遇，为世界经济摆脱困境注入更大动力，成为推动全球化包容普惠发展的积极力量。

近年来，中国经济对世界经济增长的贡献率一直保持在30%以上，超过美国、欧元区和日本贡献率的总和，是拉动世界经济复苏和增长的重要引擎。2008年全球金融危机发生后，美欧日等主要发达经济体陷入衰退，中国经济率先于2009年第二季度复苏，并始终保持中高速增长，有效带动了全球经济复苏。2020年新冠肺炎疫情冲击下，世界经济又一次陷入萧条，作为世界第二大经济体，中国继续推进更高水平对外开放，再度成为世界经济复苏的主要动力源。

中国的开放发展可为世界减贫事业做出重要贡献。消除贫困是联合国《2030年可持续发展议程》涵盖的17个可持续发展目标之一。联合国2019年报告显示，2018年全球贫困人口总数不仅没有下降，反而从2015年的7.84亿人增至8.21亿人。据世界银行研究报告，中国的"一带一路"倡议将使相关国家760万人摆脱极端贫困、3200万人摆脱中度贫困，使参与国贸易增长2.8%至9.7%、全球贸易增长 1.7% 至 6.2%、全球收入增加 0.7% 至 2.9%。

中国的开放发展有助于增进各国民生福祉。就业是民生之本，中国广阔的市场可为世界创造大量就业机会。2017 年央视联合中国外文局进行的一项调查显示，全球 10000 份电子问卷中，每 10 个外国人中有 3 个人认为自己能获得中国企业提供的就业机会。这其中，102 家国企在全球 185 个国家和地区投资，促进当地 33 万人就业，仅"一带一路" 180 亿美元投资，就创造了 16 万以上的就业岗位。另据世界银行测算，中国的对外投资和进出口，平均每年直接拉动各国 1500 万个就业岗位。

开放合作是宝贵而稀缺的时代精神，包容普惠符合世界绝大多数人的利益。20 世纪世界大战和经济萧条的阴霾并未远去，也警醒着世人。未来全球化的进一步发展，需要在完善治理之下变得更加包容普惠，使更多人从全球化发展中受益。应对人类当前共同面临的全球性危机，为全球化发展增添动力，尤其需要大国发挥领导力，在凝聚国际共识、增进国家间互信、维护地区和平稳定、促进多边合作方面发挥纽带性、协调性、主导性作用。

当今世界，发展问题仍然是许多国家及地区所面临政治社会问题的根本之结，而实现良性可持续的发展，需要各国在开放合作中互惠互利。某些国家以损害未来发展为代价大搞地缘政治，将经济问题过度政治化，通过封闭割裂的小团体搞对抗，不仅让全球化遭遇挫折，人类共同面临的迫切问题迟迟得不到解决，最终也无助于自身的长远发展。当前需要更多国家积极有为、互信合作、开放包容，以多边主义推动解决现实争端，推动全球化向更加开放、包容、普惠的目标迈进。

（原载于《北京青年报》，2020 年 7 月 19 日）

# 海南自贸港：中国高水平开放的新起点

日前，中共中央、国务院正式公布了《海南自由贸易港建设总体方案》（简称《方案》）。2020年6月3日上午，11个海南自贸港重点园区同时举行挂牌仪式，标志着海南自贸港建设正式全面开启。

从自贸试验区到自贸港，海南的对外开放程度得到大幅提升。《方案》要求海南自贸港建设对标国际高水平经贸规则，明确了零关税政策，极大促进生产要素自由便利流动。作为新时期中国最大的经济特区和人才特区，海南自贸港将建成我国对外开放新高地，这种制度集成创新是我国开放发展中的重要突破。

海南自贸港不仅汇集了中国现行的所有开放政策，还结合海南特点，集中显示出四大亮点：一是贸易和投资便利化政策看齐国际高标准。以"零关税"为基本特征，通过降低对征税商品目录以外货物的贸易壁垒和优化检验程序，海南自贸港将极大地推动自由贸易发展。同时，自贸港还支持服务贸易自由化和便利化发展，实施跨境服务贸易负面清单制度，破除各种壁垒，给予境外服务提供者国民待遇。而在投资方面，自贸港严格落实"非禁即入"，为投资者降低成本，提升对外资的吸引力。

二是重点强调旅游业、现代服务业和高新技术产业的主导地位,《方案》对这三类产业给予了多方面的优惠政策。海南的旅游、现代服务、高新技术产业企业不仅可以在企业所得税方面享受目前中国内地最优惠的税收方案（企业所得税最高仅为15%），并且在2025年前新增的境外直接投资所得直接免征企业所得税。《方案》还从中央财政支持、简化法律程序等方面，给予创业公司更多优惠和保障。

三是离岛购物免税额大幅提升，海南将成为新的消费天堂。2011年4月，离岛旅客免税购物政策在海南实施，免税额度为每人每次5000元，之后经过多次调整，2018年12月提升为每人每年累计3万元。现在，海南离岛免税购物额度提至每年每人10万元，免税商品种类也有所扩大。免税额度提升是对海南旅游业发展的重要支持，对疫情过后刺激旅游业，特别是入境旅游将发挥重要作用。

四是全面完善的监管制度与政府服务体系，为自贸港建设保驾护航。合理完备的监管措施和服务体系，可以让落户自贸港的企业更好地享受优惠政策，在实现贸易和投资便利化的同时，保障企业的正当权益，并从生态环境和公共卫生等多方面推动自贸港建设可持续发展。

在原有18个自贸区的基础上，海南自贸区向自贸港的升级，正在推动中国形成一个从沿海延伸到内陆的更加立体的对外开放格局。海南自贸港探索更多开放创新方案，成果经验还可以进一步向其他地区推广，提升中国开放总体水平。

对于海南自贸港来说，实行"零关税"是一个重要开始，未来还可继续向"零补贴"和"零壁垒"发展。贸易"三零"是自由贸易发展的最理想状态，有利于推动市场充分竞争，激发企业创新能力，通过市场机制为消费者提供更优商品选择。

实现高水平的开放发展，离不开国际人才的助力。在自贸港建设过程中，海南将成为国际人才进入中国的一个窗口，进一步打造成国际人才高地。《方案》明确提出打造人才聚集高地，加强自贸区人才进出便利化，符合条件的人才个人所得税最高为15%。此外，自贸港还允许境外理工农医类高水平大学、职业院校在海南自由贸易港独立办学，设立国际学校，推动国内重点高校与国外高校建立中外合作办学机构。这些措施对海南引进国际人才、自主培养国际化人才具有重要作用。

海南自贸港开放升级，对国内其他城市来说是一个重要信号。为应对新冠肺炎疫情带来的经济冲击，其他地区需要采取更积极的政策，加大力度推动制度集成创新。海南自贸港的建设方案虽然不能照搬复制，但可为其他省市提供重要经验借鉴。例如，其他省市可为旅游、现代服务和科技等领域的初创企业提供更多优惠政策，鼓励他们探索更多行业新业态，加快经济恢复和产业现代化升级。

通过海南这一开放窗口，中国将进一步融入全球化发展，并为经济全球化发展贡献更多力量。海南自贸港建设将加强与粤港澳大湾区联动发力，加强与东南亚国家的经贸往来，成为中国进一步向太平洋和印度洋开放的门户。

全面开启海南自贸港建设，是中国大步迈向更高水平开放的重要标志。只有开放和合作才能更好地应对全球挑战，面对疫情激起的又一波逆全球化浪潮，中国进一步向世界各国发出积极信号，为加强国际合作、共渡疫情难关增添信心和力量。

（原载于《北京青年报》，2020年6月7日，有改动）

# 品牌全球化需"品质革命"

改革开放40年来,中国企业日益在全球竞争中脱颖而出,中国企业的产品"以量取胜"为中国带来了"世界工厂"的美誉。在全球化的进程中,中国企业不断积累经验和教训,逐步走出了一条从产品生产到品牌打造,从产业链低端向高端迈进的发展路径。未来,中国企业需要以更加积极的态度"走出去",以更加开放、更加务实的精神追求品质,以品质、品牌取胜,走向全球价值链的中高端,变"中国制造"为"中国创造"和"中国智造",实现从产品大国到产品强国的转型。

2014年5月10日,习近平总书记提出"推动中国制造向中国创造转变、中国速度向中国质量转变、中国产品向中国品牌转变"。随即,中国的品牌建设进入了蓬勃发展的新阶段,质量品牌提升行动写入了国家"十三五"规划纲要。变"中国制造"为"中国创造"和"中国智造",都离不开品牌的力量。而品牌的打造,需要对品质不断追求,从质量承诺、质量能力再到质量信用,走一条从满意度上升到美誉度的发展之路。

## 以质取胜的亮丽名片

早在 1978 年，原国家经贸委就向全国发出了关于开展"质量月"活动的通知，宣传"质量第一"的思想。40 余年来，中国产品和服务的质量不断提升，越来越多高质量的中国品牌涌现，推动中国经济发展进入质量时代。中国企业正加快品牌建设和"走出去"步伐，在不断摸索中前进，其中的佼佼者正以高品质的产品和国际化的视野积极融入打造品牌的世界潮流之中，成为中国在全球市场上的亮丽名片。

市场调查机构欧睿国际发布的"2017 年全球大型家用电器品牌零售数据"显示，中国海尔以 10.5% 的市场份额位居榜首。可以说，海尔的品牌意识是被张瑞敏一锤砸出来的。1985 年，青岛电冰箱总厂（海尔的前身）收到一位用户的反馈：工厂生产的电冰箱有质量问题。初任厂长的张瑞敏突击检查仓库，发现库存不多的电冰箱中有 76 台不合格。张瑞敏当即决定，在全厂职工面前，将 76 台电冰箱全部砸毁。张瑞敏的这一锤，唤醒了工人们的质量意识。1988 年，海尔获得国家质量奖，这是中国电冰箱行业历史上第一枚国家质量金牌。这为海尔日后成为世界品牌打下了基础。

福耀玻璃在进入汽车玻璃行业之初，只能利用低成本的比较优势，以加工贸易的形式参与全球价值链分工，承接发达国家生产制造环节的转移。后来，福耀凭借自主创新、产品质量的提升、高度的专注力和日益提高的工艺品质，自身实力逐步壮大，陆续获得欧美日韩四大车系的认证，是同行业首个通过 ISO9002、QS9000、VDA6.1、ISO14001、TS16949 等体系认证的汽车玻璃生产销售企业。福耀对产品质量与创新的重视，使其成功实现了由下游的汽车玻璃制造商，向上游的汽车玻璃原材料生产商以及汽车玻璃设计研发商的转型，实现了从赚取一块裸汽车玻璃的利润到分享汽车玻璃设计研发利润的转变。这一切，使福耀在汽车领域拥有了足够的话语权，进而有机会参与整个行业国际标准的制定。

坚守39年只做微波炉的格兰仕，在通过品质成就品牌上也有发言权。2000年，格兰仕提出了由"世界工厂"向"全球名牌家电制造中心"转变的战略，强调"世界名牌格兰仕造"，投入超过10亿元人民币进行研发。其间，格兰仕出口的中高档微波炉设计全部采用其自有专利技术，实现了由OEM（自主加工）向ODM（自主设计）的转化，成功在价值链上向前迈进了一步。2004年，格兰仕已完全掌握了微波炉相关技术，形成了自主创新能力，以格兰仕自主品牌销售且具有自主专利技术的微波炉在国际市场上的占有率已达到了20%，OBM（自主品牌）与OEM/ODM的销售比例也达到14∶1。至此，格兰仕完成了从"制造"到"智造"，从"产品规模"到"品牌与品质"的升级。今天，全球每3台微波炉中就有1台是格兰仕研发生产制造的，当你走进欧美家电卖场，也可以与格兰仕微波炉"相遇"。

在"一带一路"倡议中，也有很多坚持品牌力量的企业。如在埃塞俄比亚的华坚集团，就是中国民营企业自主进行海外产业园区建设的典范。华坚将产能优势与埃塞俄比亚成本优势结合，从华坚国际鞋城（埃塞）公司起步，到建立埃塞—中国华坚国际轻工业城，实现了中国企业大规模制造业集群式"走出去"。

## 廉价、低质的标签仍未撕掉

品牌是企业重要的无形资产。可口可乐公司前董事长罗伯特·伍德鲁夫曾说:"即使公司在全球的工厂一夜之间化为灰烬,只要还有可口可乐品牌,公司就可以迅速振兴。"这就是品牌的价值。

品牌由多种因素造就,但质量是打造品牌的主要因素。质量是品牌得以延续与发展的根本保证,离开质量谈品牌,品牌也就只是企业设计出来的一个图案或符号,终究会被市场所埋没,被消费者所抛弃。从经济学的角度来看,品牌本质是一种能够降低质量信息不对称的有效信号。这种质量信号在市场中逐渐表现为企业拥有较好的质量承诺、质量能力和质量信用等。

从品质塑造品牌的方式来看,品牌的打造主要依靠质量创新。中国并不缺乏具有国际影响力的民族品牌,如海尔、联想、华为等。不难发现,这些公司具有一些相同的特点,如注重产品的品质、专注于产品的开发与创新、海外投资以引进先进技术为主、通过扩张国际渠道加速产品研发与推广……这些奠定了其海外发展的基础。

经过改革开放40余年的发展,中国品牌在国际上的影响力不断提升。世界品牌实验室发布的"2018年世界品牌500强"排行榜显示,中国入选的品牌有38个。但从品牌数量的国家分布来看,美国占据500强中的233席,法国以43个品牌入选位居第二,英国以42个品牌入选位居第三。全球调研机构 Millward Brown 发布的"2018年 BrandZ 最具价值全球品牌100强"榜单显示,有15个中国品牌上榜,腾讯是上榜的中国品牌中排名最高的,价值1789.9亿美元,为排名第一的谷歌价值的59%。与发达国家相比,中国入选这些品牌排行榜的企业数量还比较少。

目前在全球500种主要工业品中,中国有220多种产品的产量居全球第一位。早在2010年,中国的计算机、彩电、冰箱、空调、手机、洗衣机、微波炉的产量分别占全球总产量的68%、50%、65%、80%、70%、44%、70%。但是，与"制造大国"对应的，是品牌建设的相对落后。

2018年，改革开放已走过40年，加入世界贸易组织也已17年，尽管中国经济飞速发展，经济总量跃居世界第二，中国企业界已涌现出华为、联想、吉利这些"中国制造"的翘楚，更不乏阿里、腾讯等互联网企业高歌猛进，但我们不得不承认，"中国制造"廉价、低质的标签仍未被彻底撕掉，这已成为中国品牌建设的障碍。打破这一局面，需要以品质来提升品牌。

总体来看，中国的品牌国际化程度不是很高，在树立品牌方面仍属于弱国。与众多国际知名品牌比较，中国品牌仍存在着一定的差距，并无大范围的影响力和感召力。中国大品牌尚缺乏全球行业范围内的领导优势。全球品牌塑造是一个长期工程，也是一个系统工程，需要全球视野，更需要战略规划。

## "品质革命"助力"品牌走出去"

2016年5月，"品质革命"一词首次出现在国务院常务会议上。2018年3月，"品质革命"被写进政府工作报告。中国的品牌国际化之路依然漫长，实现从"产品走出去"到"品牌走出去"，需要政府、企业和社会的共同努力。

第一，树立品牌国际化意识。企业要想发展，必须建立品牌意识；要想在全球化舞台上占据一席之地，必须树立品牌国际化意识。

第二，以创新提升品质。正如美的家用空调事业部总经理吴文新所说："如果说工匠精神可以在现有的生产水平上让产品无限趋近质量的极致，那么科技创新则可让产品质量实现大跨度进步，甚至突破性飞跃。"进行智能化改造后，美的空调单条生产线的一次组装合格率从人工组装的极限 97% 上升到 99.9%；信息化品质控制点从原有的 6 个增加到 108 个，把控能力更强。

第三，练好内功，以硬实力造就"软"品牌。品质是企业品牌国际化发展的关键要素。随着国际市场竞争日益激烈，低质量、拼价格的时代即将成为历史，企业只有真正意识到质量的重要性，通过生产符合消费者需求的高质量产品才能生存，才能进入国际市场并树立国际品牌。品牌打造的过程中，中国企业要重视知识产权，不断提升产品质量，做好售后服务工作。

第四，要将中国产品对标国际先进标准。数据显示，目前中国国际标准的转化率（即国际标准被国家标准、行业标准等国内标准采纳的比例）整体已达 85.47%。与国际标准相比，部分中国标准还有一定差距，处于跟跑状态；较大部分中国标准与国际标准水平基本一致，处于并跑状态；还有部分标准领先于国际标准水平，处于领跑状态，如烟花爆竹、丝绸、中医药、家用电器、高铁、民用核电、网络通信、特高压交流输电等领域。国家标准委主任田世宏介绍，到 2020 年，中国重点装备制造业领域国际标准转化率将达到 90% 以上，主要消费品与国际标准一致性程度达到 95% 以上。

第五，以品质提升品牌，可以通过收购、并购等方式，利用国外先进的技术提升自我产品的品质，学习德国、日本等国的经验，从而在国际舞台上打造品牌。从国际分工来看，自主品牌决定着国家在世界产业价值链所处的地位。一个国家拥有的世界知名品牌越多，其价值链所处地位越高，主导能力就越强，在全球市场竞争中就越能够抢占先机。在全球化时代，除了通过企业自身的发展壮大形成自创品牌，也可以通过并购或合作的方式实现品牌国际化，这恰恰是经济全球化给企业带来的新机遇。如联想收购 IBM 的 PC 业务、吉利收购沃尔沃的汽车业务等，都是通过收购国际知名品牌而提升自身品牌形象的范例。

第六，品牌的缔造是一个历史沉淀的过程，这对产品的品质更是提出了持久性强的要求。根据品牌进化理论，品牌从初级阶段到高级阶段演进的生命周期，至少需要 12 年时间。2008 年全球金融危机给吉利带来了机会。金融危机使众多欧美汽车高端品牌遭受重击，负债累累。此时，由于连年亏损而打算被母公司出售的高端汽车品牌沃尔沃走入了吉利控股集团董事长李书福的视线。2010 年 3 月 28 日，中国浙江吉利控股集团有限公司与美国福特汽车公司在瑞典哥德堡正式签署收购沃尔沃汽车公司的协议，吉利以 18 亿美元收购沃尔沃 100% 股权。在收购沃尔沃之前，吉利只是一个涉足中低端的民营车企，收购完成后，一跃成为中国第五大车企，国际知名度也大大提高。收购沃尔沃，不仅优化了吉利品牌结构，提升了吉利的品牌形象，还成功丰富了吉利的品牌构成，帮助吉利完成了品牌结构质的飞跃。

第七，在互联网时代，品牌建设还需要有一种全新的思维。互联网将品牌的疆界扩展得比以往任何时候都要宽，它改变了传统的品牌传播方式，大大缩短了品牌形成的时间，任何一个拥有优秀产品的企业都有机会在互联网时代抢占品牌知名度的制高点。今天，即便是最著名的品牌，如果没有互联网的经营理念，也会落后于时代，中国企业必须学会用互联网思维进行品牌建设，开展品牌的国际化传播，这也需要品质发挥基础性的作用。美国加州大学伯克利分校哈斯（Haas）商学院教授米格尔·博阿斯认为："过去，中国品牌的命名、定价和形象设计都不够国际化。在未来，随着移动网络和社交媒体的全球普及，中国品牌很容易接触到各国终端用户，并迅速缩小与世界品牌之间的差距。"

经过40余年的风雨洗礼，中国企业在全球化的进程中不断积累经验和教训，逐步走出了一条从产品生产到品牌打造，从产业链低端向高端迈进的发展路径。中国企业只有以更加积极的态度"走出去"，以更加开放更加务实的精神追求品质，才能在全球化的道路上走得更远，从而助力中国实现从产品大国到产品强国的转型。

（原载于"新华网"，2019年2月19日，有改动）

# 提升中国对外投资的质量和效益

近年来中国企业通过"一带一路"倡议等渠道积极"走出去",对外投资整体呈现平稳态势,中国仍然是发展中国家中最大的吸收外资国和对外投资国,成为推动经济全球化、拉动世界经济增长的重要力量。在中国企业"走出去"取得良好成绩的同时,中国对外投资也面临着投资增速放缓、投资质量需要提高、投资结构需要调整、投资风险不断加大等挑战。未来中国企业应更注重投资结构调整,向全球价值链的上游攀升,提高"走出去"的质量和水平,同时注重风险防范,主动承担社会责任,更好地体现对外投资对中国以及世界经济的拉动作用。

在当前一些国家对外国投资监管趋严、全球外国直接投资下降的背景下,中国稳定的对外投资成为全球经济发展的稳定器。中国企业"走出去"不仅实现了与东道国互利共赢、共同发展,惠及所在国民众,还为打破贸易保护主义,促进全球自由贸易贡献了力量。

中国对外投资快速发展,是中国经济发展到一定阶段的必然产物。最高领导层多次强调,中国开放的大门不会关闭,只会越开越大。中国企业"走出去"与全球经济紧密联系在一起,推动经济全球化，向世界表明了中国推动高水平对外开放的鲜明态度和坚定决心。中国企业"走出去"，有助于中国企业利用全球资源，立足全球市场，扩大全球视野，帮助中国进行未来投资和贸易布局；有助于中国企业加快市场转型，在国际市场中提高竞争力，同时促进中国在国际事务中的参与程度，扩大中国的国际话语权。

企业作为对外投资的决策和实施主体，是中国优化对外投资结构、提升投资质量的关键所在。在看到中国企业"走出去"取得良好成绩的同时，也应该看到中国对外投资面临的新挑战。在新形势下，中国企业必须做好调整，认真总结，稳步解决前述问题，实现对外投资的优化，从而在国际经济竞争中走得更稳更远。接下来，中国企业对外投资需要在以下几个方面做好工作。

中国企业"走出去"，应更加注重投资结构调整，向全球价值链的上游攀升，提高"走出去"的质量和水平。中国企业经过多年发展，在全球价值链上仍多属于中低端，未来不仅要追求投资速度，更要注重投资质量，才能赶超其他国家，走到价值链的上游。

随着中国开放程度的增加，"走出去"的中国企业日益增多。中国企业在东道国进行投资时，应形成合力，互帮互助，共同应对面临的挑战，共享"走出去"的果实。中国企业"走出去"，还应加强与国外投资者在第三方市场的合作，减少恶性竞争，实现互利共赢。在东道国的投资方面，中国企业与发达国家的企业仍有一定的差距，中国企业一方面要向发达国家的企业学习，增加自身投资能力；另一方面还应与发达国家一起开发第三方市场，实现三方互利共赢。

当前一些国家对外国投资监管趋严，贸易保护主义沉渣泛起，中国企业"走出去"，应更加注重风险防范，更加主动承担社会责任；要减少"短平快"式特殊化操作，学会赚慢钱，而不是走"高风险，高回报"的不可持续之路。除遵守当地法律法规和当地风俗习惯之外，还应注意到知识产权方面的风险，这不仅包括保护自身知识产权，还包括遵守东道国关于知识产权方面的法律规定。同时，中国企业在东道国应积极承担一定的社会责任，惠及民众，才能在当地稳步立足并谋求更大发展。

中国开放的大门只会越开越大，未来中国对外投资保持平稳健康发展，中国企业"走出去"的大趋势不会改变。

（原载于《北京青年报》，2018年11月11日，有改动）

# "一带一路"：全球治理的重要抓手

近年来反全球化运动席卷欧美，在全球经济增长乏力和逆全球化倾向蔓延的背景下，"一带一路"倡议是全球化新阶段里中国本着"共商共建""共赢共享"提出的全球治理和全球发展国际合作共赢方案。未来以"一带一路"为抓手推进全球治理，可从以下几方面着手：建设常设机构和稳定的机制安排；建立"一带一路"国际治理机制，加强共同治理、政治互信和文化交流；加强与联合国和其他国际组织的合作；建立和重点国家在"一带一路"层面的合作，吸引企业响应并积极融入建设。"一带一路"建设还需形成几个示范国和示范工程，将绿色发展作为推进方向，以建设海外产业园区作为重要抓手，充分发挥沿线国家华人、华侨的作用，让旅游成为国际合作共赢的先导，并且实现人才的"互联互通"。

"一带一路"倡议提出以来得到了沿线众多国家的响应，联合国等国际组织也态度积极，以亚投行、丝路基金为代表的金融合作不断深入，铁路和港口等重大基建项目在多国落地，中国同沿线国家贸易总额超过3万亿美元。

但是近几年逆全球化势力在世界范围内抬头。以英国"脱欧"为代表的反对全球化的浪潮席卷欧美，特朗普上台后实行新孤立主义政策，先后退出 TPP、《巴黎协定》和联合国教科文组织。在全球经济增长乏力和逆全球化倾向蔓延的背景下，习近平总书记在党的十九大报告中强调未来要以"一带一路"建设为重点，坚持"引进来"和"走出去"并重，遵循"共商共建共享"原则，加强创新能力开放合作，以"一带一路"推动全球治理改革的中国方案在很大程度上打造了一个全球经济发展新引擎。

## "一带一路"是全球治理的中国方案

习近平总书记在党的十九大报告中提出，倡导构建人类命运共同体，促进全球治理体系变革。目前中国正在积极参与到全球治理中，因此"一带一路"将成为中国参与全球治理的重要抓手，为全球治理贡献中国方案。

从 20 世纪中后期以来，欧洲、东亚、北美逐步发展出了三大经济圈的雏形。每个经济圈内部具有相对完整的产业结构，初步形成了更为紧密的产业链和价值链，有更多的内部贸易和相互投资，同时具有较高的政治认同，尝试建立共同的安全框架。以中国提出的"一带一路"愿景和建设命运共同体的设想为标志，越来越多的国家根据地理环境和发展程度开始紧密合作，推进区域化的合作进程。实质上，这是新型全球化的开端。未来 5 年，中国将为各国提供更广阔的市场、更充足的资本、更丰富的产品、更宝贵的合作契机，包括将达 8 万亿美元的进口总额、将达 6000 亿美元的利用外资总额、将达 7500 亿美元的对外投资总额、将达 7 亿人次的出境旅游。

习近平总书记提到，中国秉持"共商共建共享"的全球治理观，倡导国际关系民主化，坚持国家不分大小、强弱、贫富一律平等对待，支持联合国发挥积极作用，支持扩大发展中国家在国际事务中的代表性和发言权。中国将继续发挥负责任大国作用，积极参与全球治理体系改革和建设，不断贡献中国智慧和力量。"一带一路"倡议正是体现了中国推动全球治理体系变革的智慧，"一带一路"为全球治理提供了更加公平合理的平台。

习近平总书记在党的十九大报告中多次提到全球治理，这同样意味着，中国将在全球治理方面主动发挥自己在特定领域的优势与特长，为人类共同和长远利益提出中国方案，为现有全球治理机制中的不足与缺陷提供补充。当前正值全球治理急需变革的时期，西方国家暴发逆全球化风暴，虽然这阻碍了经济全球化的进程，却给中国参与全球治理提供了机遇。当然，中国的崛起也使得我们完全具备积极推动全球治理的实力。

"一带一路"正是实践中推动全球治理的重要途径，而"一带一路"沿线国家以发展中国家为主，这也契合了习近平总书记提到的"扩大发展中国家在国际事务中的代表性和发言权"。

因此，"一带一路"倡议是针对全球治理的全新思想和实践，自提出以来，已经有100多个国家和国际组织表示支持，中国同40多个国家和国际组织签署了相关合作协议，一批有影响力的标志性项目逐步落地，对沿线国家的民生改善、经济发展和对外联通，产生了积极引领和示范效应。

## 加强"一带一路" 推动全球治理变革新理念

习近平总书记在报告中将"一带一路"建设放到了更加重要的位置，作为全面开放新格局的重点工作来抓。未来以"一带一路"

为抓手推进全球治理，可从以下几方面着手。

从当前来看，"一带一路"倡议的机制化程度还较低，尚无类似秘书处的常设机构和稳定的机制安排。而"一带一路"建设如果缺乏一个全球共同参与的组织机构，将难以深入推进。我们建议，设立"一带一路"的常设机构，例如"一带一路"秘书处，以便利"一带一路"各项工作有序向前推动。

首届"一带一路"高峰论坛成功举办并产生了积极效果，建议在各国轮流举办"一带一路"年会，各国定期聚在一起讨论"一带一路"的相关议程，就政策、经贸、基础设施、人文、金融等领域的合作开展广泛交流和协商，并通过协议、规划、机制、项目等方式，共同推进"一带一路"在各个阶段的循序发展。例如像"世界经济论坛"，每年召开一次年会，每次确定一个主题，安排多场分论坛进行讨论。

建立"一带一路"国际治理机制，加强共同治理、政治互信和文化交流。政治风险的发生一方面由于东道国自身的政治体制和管理能力问题，另一方面也因为东道国与中国互不了解，因此，建议建立"一带一路"国际治理机制，形成一个共同交流、协调的机制。中国是全球化和加入WTO最大的受益者之一，"一带一路"可以成为新的全球化治理模式，甚至是一个新的WTO多边机制安排或类似TPP的安排。可以考虑建立"一带一路"国际委员会，建立"一带一路"的全球治理、区域治理的新秩序。

要加强与联合国现有机构的合作。"一带一路"倡议提出以来，已经有100多个国家和国际组织参与其中。建议吸引更多的联合国机构参与进来，将"一带一路"相关的理念与联合国开发计划署、联合国教科文组织等机构，以及一些区域性的组织对接起来，将

"一带一路"的理念变成这些国际组织的相关议程。

"一带一路"要加强与世界银行、国际货币基金组织、亚投行、非洲开发银行、欧洲复兴开发银行、WTO、国际劳工组织、国际移民组织等机构的合作。世界银行、国际货币基金组织、亚投行、非洲开发银行、欧洲复兴开发银行与"一带一路"国家在基础设施建设领域拥有巨大的合作空间。

邀请包括美国、日本、韩国及欧盟在内的发达国家共同参与"一带一路",中国可与各个国家共同构建"一带一路"全球治理、区域治理的新秩序,建立各国在资金、基础设施、产能、人才和移民等方面的合作、交流、协调的机制。在"一带一路"多边/双边合作机制体制建设方面,要充分利用现有多边/双边合作机制,创新合作方式,继续深化和利用好现有合作平台,有效进行重大规划和项目对接,推进"一带一路"各国务实合作。

"一带一路"需要建立和重点国家在"一带一路"层面的合作,打开国家层面对"一带一路"的引领。如英国,其积极参与"一带一路",不仅具有示范意义,而且在一定程度上意味着国际格局的变迁和全球化新模式的开启。

"一带一路"建设离不开全球企业的参与。"一带一路"为企业发展提供了重要机遇,企业也是"一带一路"建设的实施主体。建议建立"一带一路"国际企业联盟,打造最大的"一带一路"企业家平台,采取"开放式"的加盟方式,吸引企业响应并积极融入"一带一路"建设。联盟企业成员在"一带一路"建设实施中搭建发展、产业、边贸、科技、物流、金融、旅游以及文化交流等八大平台,以搭建平台的方式为"一带一路"有关国家和核心区提供全方位服务。

举办世界跨国公司500强参与"一带一路"峰会，邀请世界大企业参与"一带一路"十分必要。"一带一路"项目要取得成功，需要对沿线相关国家的地域政治、文化冲突、商业风险以及贸易和行政壁垒有清晰的认识。许多跨国公司在"一带一路"沿线国家经营了很多年，并建立了综合业务网络和多元化产业合作伙伴关系。中国企业如能与"一带一路"国家的国际龙头企业建立战略合作，将取得卓越成效。

"一带一路"需形成几个示范国和示范工程。例如可以在巴基斯坦、印度、哈萨克斯坦、吉尔吉斯斯坦、蒙古等国，进行开发区和产业园区建设的合作，为以后推进"一带一路"建设树立模板。中巴经济走廊就是"一带一路"建设的重大先行项目和示范工程，已成为国际合作和全球治理模式的新实践。

要将绿色发展作为"一带一路"倡议的推进方向。在设施联通方面，强化基础设施绿色低碳化建设和运营管理，在建设中充分考虑气候变化影响。要坚持理性投资，选择有意义、有利润、可持续的投资项目循序渐进稳步发展。要将绿色发展的理念扩展到国际市场，在"一带一路"沿线国家建设绿色工厂、绿色园区等示范项目，加强绿色低碳技术、装备与产业等方面合作，积极履行社会责任和担当，推进沿线国家提高可持续发展水平。对于企业来说，要积极构建面向绿色消费的全球产业链，努力将可持续发展贯彻到对外投资建设当中。

以建设海外产业园区作为"一带一路"建设的重要抓手。中国改革开放以来，最成功的经验是从当时的除海南外的4个经济特区发展到14个沿海城市，从开发区、国家级新区到浦东新区、雄安新区。中国在这个过程中积累了大量的经验，现在中国在"一带一路"沿线国家已经建立了56个合作园区。无论是对中国、东道国还是对中国企业来说，海外产业园区的建设都具有重要意义。

要充分发挥"一带一路"沿线国家的华人、华侨、华人留学生的作用。中国的改革开放为很多华人华侨提供了历史机遇，应鼓励更多的中国居民到"一带一路"沿线国家移民、留学、经商，或从事各种各样的工作。一旦放宽移民政策，就可以让更多的人到"一带一路"国家去发展，这样能更好地参与到"一带一路"建设中来。

让旅游成为推进"一带一路"国际合作共赢的先导。据统计，2016年我国出境旅游人数达1.22亿人次，继续蝉联全球出境旅游人次世界冠军，旅游花费高达1098亿美元（约7600亿元人民币）。中国旅客出境旅游能够创造当地的就业机会，有助于打破意识形态壁垒和经济贸易壁垒，促进百姓之间的沟通交流，增进国家之间的友情与互信；同样，发展来华旅游，也有利于获得沿线国家与人民的理解、认可和文化包容。

加强"一带一路"留学交流与教育合作，着力培养技能人才。"一带一路"的共同繁荣，离不开大量各领域人才的支撑和保障。要推进"一带一路"国际合作共赢，首先要培养和集聚国内外的"一带一路"人才，实现人才的"互联互通"。在充分发掘利用现有国际人才的同时，我们需要切实加强"一带一路"留学交流与教育合作。

（原载于《人民画报》，2017年11月10日，有改动）

# 以亚投行为鉴　推动"一带一路"多边发展

2008年全球金融危机后世界经济增长乏力，大国单边主义和贸易保护主义破坏了国际自由贸易秩序，严重挑战了全球经济发展。在此背景下，亚投行作为中国参与全球治理的智慧贡献，为推动"一带一路"倡议完善升级，推动亚洲区域一体化，参与构建人类命运共同体提供了宝贵的经验。其对国际人才的精准运用和新型投融资方式，成功把握全球化发展新阶段的新动能，成为发展多边主义维护国际自由贸易秩序的成功范例。

2019年6月11日，亚洲基础设施投资银行副行长兼秘书长艾德明爵士（Sir Danny Alexander）在CCG发表演讲，认为亚投行的成功在于坚定不移秉持高标准、优治理的原则以及有效汲取合作伙伴分享的经验，对推动亚洲乃至世界发展都有着重要影响。

亚投行以基础设施投资为抓手，把握全球化发展新阶段的新动能，取得了众多成果。亚投行自成立以来，已经由最初的57个成员扩大到97个成员，并凭借其"高颜值""高品质"的运营和投资标准获得了国际最权威的三大评级机构的3A评级，以及巴塞罗那银行监管委员会的零风险权重认定。在三年半的时间内，亚投行已经在16个成员方通过近40个项目，累计投资金额达80亿美元，印度成为亚投行的最大受益者。亚投行的投资项目涵盖了可持续发展的基础设施建设、互联互通和私人资本的流动三大核心领域，为亚洲基础设施建设和经济发展做出了巨大贡献。

在组织架构方面，亚投行尊重多边性，并坚持简洁廉洁的原则。亚投行仅有的 230 名全职员工来自 44 个国家和地区，亚投行的决策层由 12 个代表不同国家的董事组成，协商一致是亚投行制定政策和策略的必要条件。通过这样多边性的组织架构，亚投行在决策时可以最大程度上保证公平和公正。

亚投行的成功还源于对国际人才的精准运用和国际化的政策制定。在亚投行的高管团队中，只有亚投行总裁来自中国，五位副总裁则来自英国、法国、印度等五个不同国家，法律总顾问、首席风险官和项目总监同样为行业内顶级的国际人才。亚投行大量运用国际人才，不仅再次体现了亚投行的多边性和包容性，同时也保证了亚投行的国际化政策与策略的制定水准，为其项目成功打下了坚实基础。

在实际运营中，亚投行善于运用创新方式进行融资、投资。在成立之初，亚投行便与世界银行、亚洲开发银行等机构进行合作，并通过发行证券等方式创新地利用私人资本解决融资问题，使基础设施建设这一全球经济发展"新红利"惠及世界各国。

除亚投行外，"一带一路"倡议也是中国对全球治理的重要贡献。未来，"一带一路"建设应借鉴亚投行的项目管理和发展模式，更多地运用多边规则推动全球合作，既充分发挥"一带一路"的全球治理作用，又能更大程度上消除欧美国家的误解和疑虑。目前，虽然"一带一路"发展较为顺利，但是"一带一路"在多边发展道路上还有许多发展空间。为了使"一带一路"倡议更具包容性，吸引更多发达国家参与，"一带一路"可以借鉴亚投行的多边发展经验，与世界银行、亚洲发展银行等其他多边机构展开合作，以多边主义精神和多边主义实践扩大"一带一路"涉及地区，从而充分发挥其在全球治理中应有的作用。

"一带一路"建设还应借鉴亚投行在组织架构和决策管理方面的经验，打造一支由国际人才组成的高效团队。因"一带一路"具有涉及领域多、覆盖范围广等特点，设立国际委员会和"一带一路"秘书处等实体机构有助于进一步完善"一带一路"建设的组织框架，同时更多地聘用国际人才以深度凸显其多边性和包容性。通过多边性的实体依托，"一带一路"可充分发挥其在全球治理中的关键作用，与现存的全球治理配合，推动世界和平与繁荣发展。

此外，"一带一路"基础设施建设项目还应寻求更多创新方式进行融资，加强"一带一路"项目的开放性、透明度和多边性。为把握基础设施建设给世界经济带来的巨大发展动能，同时优化"一带一路"建设项目的融资结构，体现其开放性、透明度和多边性，"一带一路"在进一步扩大规模的同时，可以借鉴亚投行的融资创新，适当地吸引私人资金，推动"一带一路"项目资金结构优化，为全球治理发展注入更多动能。

亚投行的成功实践强有力地证明了中国参与全球治理的能力，更坚定了中国在全球治理扮演好其新角色的信心。亚投行的成功经验也为中国进一步推动"一带一路"倡议发展提供了宝贵借鉴。"一带一路"倡议的多边主义转化将进一步体现中国在全球治理中的关键作用，维护世界和平，为全球经济发展注入更多活力。

（原载于《北京青年报》，2019年6月16日，有改动）

# 加强与国际开发银行合作
# 助推"一带一路"行稳致远

亚洲基础设施投资银行第五届理事会年会于7月29日闭幕,本届年会以"互联互通,面向未来"为主题。多国人士表示,期待亚投行成为推动全球共同发展、促进国际多边合作的新典范。

自2015年12月成立以来,亚投行按照多边开发银行模式和原则运作,坚持国际性、规范性、高标准,奉行精简、廉洁、绿色理念,向世界展示了开放包容、共谋发展、规范高效的良好形象。四年多来,亚投行始终保持三大国际信用评级机构——标准普尔、穆迪和惠誉给予的最高信用评级,并保持稳定的评级展望。目前,亚投行成员已从初期的57个发展到来自六大洲的102个,成员人口总数占全球的78%、GDP总量占全球的63%,成为仅次于世界银行的全球第二大多边开发银行。

亚投行成立的目的主要在于促进亚洲地区基础设施建设和互联互通,与"一带一路"战略高度契合。截至目前,亚投行已为24个成员提供了87个、总额近200亿美元的基础设施项目投资,均分布在"一带一路"沿线国家和地区。根据世界银行2019年6月发布的研究报告,"一带一路"倡议全面实施可使3200万人摆脱日均生活费低于3.2美元的中度贫困状态,使全球贸易增加6.2%,

沿线经济体贸易增加9.7%，全球收入增加2.9%。

然而，"一带一路"建设工程浩大、周期长、涉及国家多，面临着地缘政治动荡、项目资金不稳定、高成本融资、债务风险、知识产权纠纷、劳工保护等风险和挑战。为更好地推进"一带一路"建设，亚投行可发挥其国际化、多边透明、专业审慎等优势，对"一带一路"建设发挥更大的引领、示范及支撑作用。

此前，亚投行会同世界银行等六家多边开发银行，与中国财政部共同签署了《关于加强在"一带一路"倡议下相关领域合作的谅解备忘录》，与国际社会一道，共同加大对基础设施和互联互通项目的支持力度。不久前，亚投行正式决定成为多边开发合作融资中心资金机制的管理人和执行机构。

进一步增进国际多边项目贷款合作，发挥亚投行对"一带一路"建设的助推支持作用，可考虑由亚投行牵头，联合世界银行、亚洲开发银行、欧洲复兴开发银行、欧洲投资银行、伊斯兰开发银行、非洲开发银行、泛美开发银行等打造一个以国际多边开发银行为主的"一带一路"建设项目贷款共同体，形成国际多边开发银行共同贷款、共同发包、共同招标的国际化、规范化、公开透明的运作体系，从而调动世界各国及跨国公司的积极性，使各国有实力的企业均可投标参与"一带一路"建设。

亚投行与其他开发银行建立联营共同体，有助于拓宽融资渠道，提高融资有效性并扩大使用范围。资金供给不足、供需匹配难度大是国际开发性金融领域多年存在的结构性难题。2008年全球金融危机以来，世界经济发展缺乏动力，主要国家在基础设施上的投资一直不足，甚至一度达到历史最低水平。"一带一路"基础设施建设覆盖范围广、周期长、地缘环境复杂，所需资金数额庞大，资金缺口较大，单独由一个机构出资难度较大、风险较高。就亚洲而言，根据相关测算，2015年至2030年，亚洲新的基础设施需求将达到38万亿美元，平均每年资金缺口在1.4万亿美元。

"一带一路"建设涉及巨额贷款，中国放贷如按照国际通行规则，可大大解除国际社会对"一带一路"倡议的质疑。中国作为新兴的债权大国，尚欠缺有效管控外部债务风险的经验。巴黎俱乐部是主要债权国的常规沟通机制，中国可考虑加入巴黎俱乐部，遵循透明、可行、可持续借贷的国际贷款规则，成为负责任的债权国。此举有助于防范中国所面临的外部债务风险，保障全球金融稳定。

此外，亚投行可与其他多边开发银行优势互补，共同助力"一带一路"建设。亚投行与世界银行、亚洲开发银行等国际开发银行均为多边国际金融机构，都是国际公共产品，是全球治理的组成部分。各地区开发银行对相应地区的自然环境、政治经济环境等更为了解，在地区基础设施建设方面，世界银行、亚洲开发银行等经验丰富、人力资源充足，可与亚投行实现合作共赢。除了开展双边合作，各地开发银行也可将多边合作机制化，统筹协商跨国、跨地区性基础设施建设项目实施，发挥各方优势，降低沟通成本，切实助推"一带一路"倡议更好落地。

作为我国首次牵头发起成立的国际性区域性多边金融投资机构，亚投行开展多边化金融合作是其自我发展的必然方向，也有助于推动"一带一路"建设行稳致远、开放包容，使其为世界各国及全球跨国公司提供更多发展机遇。

（原载于《北京青年报》，2020年8月2日，有改动）

# 推进"一带一路"倡议实施　中小企业大有可为

当前，随着经济全球化不断深入，中小企业作为中国最具创新精神的群体，不仅是中国经济社会发展的重要力量，也日益成为对外合作的主力军。随着"一带一路"建设的不断推进和创新驱动战略的深入实施，鼓励和支持我国中小企业参与"一带一路"建设，将为我国中小企业带来新的发展机遇和广阔的发展空间。

习近平总书记2013年提出"一带一路"倡议以来，推进"一带一路"建设成为全球瞩目的重大课题。目前，加强"一带一路"合作正逢其时、前景可期，加速推进的"一带一路"建设项目，源源不断地给沿线国家注入新的发展动力。

"一带一路"倡议提出五年来，国企和央企是中国企业"走出去"的主力军和领头羊，在参与"一带一路"建设中发挥了十分重要的作用。相较之下，作为中国最具创新精神的群体，中小企业不仅是中国经济社会发展的重要力量，也是"一带一路"沿线建设项目不可或缺的参与者。

中小企业是最为活跃的创新群体，能够适应国际市场上技术更新快的特点，其提供的产品和服务往往更加贴近市场需求。中小企业的规模相对较小，"船小好掉头"，对市场变化的反应敏锐，应对灵活，能够根据国际市场环境的改变及时做出相应调整。此外，我国中小企业产品丰富、竞争能力较强，在"一带一路"沿线国家具有广阔的市场前景。支持中小企业依靠市场化力量推动"一带一路"建设，有利于充分发挥市场在资源配置中的决定性作用，实现供需双向的良性互动。中小企业的普遍参与有助于扩大"一带一路"受益面，促进沿线国家人民"民心相通"，让广大民众成为"一带一路"建设的受益者。

与此同时，中小企业参与"一带一路"建设也会面临一些困难和问题。一是中小企业普遍缺乏国际化经营人才和经验，在国际市场竞争中，往往处于弱势地位。二是难以有效识别"一带一路"沿线国家政治、经济、社会、环境、安全等方面存在的潜在风险，对沿线国家的行业政策、法律环境、风俗习惯等方面缺乏了解。三是我国大部分中小企业在全球产业链中处于价值链的低端，缺乏品牌和国际销售渠道，国际竞争能力弱。

我国中小企业能否在"一带一路"建设项目中获得充分发展，相当程度上关系到"一带一路"建设的成败，因此，政府和中小企业自身都需要做好功课和准备工作。在政府方面，要为中小企业参与"一带一路"建设创造良好的政治环境和政策环境，最大限度保障中小企业的投资安全和利益。政府可以通过国家行为，在"一带一路"沿线国家建设工业园区，用园区吸引金融资本，以园区作为平台，尽量规避非经济风险，为中小企业提供包括安全防范在内的良好保护。

政府还可以与国企、央企合作开发全新产业链模式，进行科学的产业规划，形成投资、建设、运营一体化。同时，应积极探索大型国企与中小企业资本统筹的模式，以国企、央企联动中小企业的形式带动更多企业"走出去",从而形成更大的规模效应。针对中小企业参与"一带一路"建设中面临的困难和问题,政府应组织和完善中小企业双边和多边合作机制,构建支持我国中小企业国际化发展的服务体系,深化我国中小企业与"一带一路"沿线国家在贸易投资、科技创新、产能合作、基础设施建设等领域的交流与合作。

在中小企业方面,各地区相关行业可以考虑成立海外协会、商会,进行统筹合作工作,促进"一带一路"沿线工商界增强互信、优势互补、拓展合作,形成互惠互利的规模效应。中小企业要认清自身及所在行业的优势和劣势,打造属于自己的品牌,强化品牌战略意识,做到精而专。应当跟着国家政策、国企和央企的步伐前进,密切关注国家政策的实施及动向,依托国家政策选择符合企业自身特点、定位和水平的建设项目。要全面了解"一带一路"沿线国家的风俗习惯,遵守当地的法律,为企业的长久发展打下基础。

作为实施"一带一路"倡议的重要一环,我国中小企业在参与和推进"一带一路"建设项目中大有可为。要发挥好中小企业的作用,政府要在政策上给予支持,大企业要形成引领作用,小企业自身也要积极主动发挥优势,各行业、各方面要统筹协调,为推动"一带一路"共商、共建、共享,推动建立人类命运共同体,贡献中国智慧和中国力量。

(原载于《北京青年报》,2018年5月15日,有改动)

# 打卡世界 500 强　中国企业要更上层楼

根据 2019 年《财富》世界 500 强排行榜，中国企业在规模发展方面取得了突出进步，首次在数量上超过美国。中国企业数量从少到多、排名从低到高，是中国企业逐渐融入、引领世界市场的生动见证。但就产业结构、经营质量、科技竞争力、全球价值链参与度等方面而言，中国企业与美国企业仍有较大差距。在近年来的逆全球化潮流中，中国企业的全球化发展还面临着贸易保护主义带来的重重障碍。在经济全球化新阶段，要推动中国企业创新发展，提高全球竞争力，中国需要从宏观层面深化改革开放，从微观层面培养国际化人才，以开放推动公平竞争，以竞争激发创新活力，推动中国企业从大规模发展转向高质量发展，从"大"企业真正成长为"强"企业。

1995 年《财富》杂志发布第一份世界 500 强榜单时，中国上榜企业仅有 3 家，25 年之后，中国企业上榜数量增至世界第一，达 129 家，这种跨越式增长速度令世界惊叹。不过，分析榜单数据不难发现，中国的世界 500 强企业虽然在数量上超过美国，但就经营质量而言，与美国企业仍有较大差距。

从产业结构来看，中国的新兴产业公司与美国相比，数量较少，盈利水平较低，面临着十分严峻的竞争。上榜企业中，中国企业多集中在重工业、传统金融业和房地产业，新兴行业上榜公司数量较少，排位也较靠后。特别是上榜的科技公司，与美国相比，虽呈现快速追赶态势，但仍有较大差距。前100强中，来自中国大陆的科技企业只有华为一家，居第61位，而美国苹果公司、亚马逊则高居第11位和第13位，微软也排在华为之前。

在盈利能力方面，中国上榜企业平均利润为35亿美元，与500强企业43亿美元的平均利润相比，差了近10亿美元。其中上榜的11家银行企业的利润占中国全部上榜企业利润总额的50%。如果不将银行企业纳入计算，中国上榜企业平均利润仅为19.3亿美元，美国上榜企业平均利润达52.8亿美元。这表明不少中国企业存在"虚胖"症状，一些企业在并购后规模显著提升，但核心竞争力并无明显提升。

在以科技创新为核心竞争力的科技企业中，上榜中国公司的盈利水平也在上榜美国企业之下。华为年利润为89.539亿美元，美国苹果公司年利润为595.31亿美元，约为华为的6.65倍。与华为排名紧邻的微软公司的年利润也达165.71亿美元，约是华为的1.85倍。盈利能力的差距，表明中国科技企业仍需在创新方面做文章。在全球化竞争中，企业只有不断提高自我创新与创造的能力，才能不被淘汰。

除盈利能力外，中国企业的全球价值链参与度也存在不足。中国企业联合会和中国企业家协会联合发布的"2018中国跨国公司100大及跨国指数"中，中国100大跨国公司的平均跨国指数为15.8%，低于全球100大跨国企业66.1%的水平。跨国指数低意味着中国企业尚未充分融入全球价值链，在全球范围内整合资源的能力较弱。全球100大跨国企业大多出现在世界500强榜单上，它们从全球招揽精英人才，通过国际分工降低生产成本，并将自己的产品和服务销售到世界各国。相较之下，中国企业的全球竞争力不足，对国内市场依存度太高，虽然有越来越多中国企业"走出去"，但是如何走稳、走好仍是一大难题。

在逆全球化潮流中，中国企业的全球化发展还面临着贸易保护主义带来的重重障碍，中国企业只有进一步加大创新力度，才能在激烈的全球竞争中迎难而上。

从宏观层面来看，深化改革开放是中国企业创新发展、提高全球竞争力的必要条件。改革开放以来，特别是中国加入世界贸易组织以来，中国企业有了更多的创新发展动力。随着互联网与信息技术快速发展，国内市场与国际市场的界线正在消失，中国企业要想取得一席之地，就需要参与全球竞争。为此应继续深化改革开放，创造更好的营商环境，让国内市场真正成为国际市场的一部分。通过自主创新，中国的高铁技术、5G通信技术、航空航天技术等已经处于世界领先地位，中国企业已经拥有一定的自主研发能力，在此基础上，应继续深化改革开放，用竞争激发创新创造。

从微观层面来看，国际化人才对推动企业创新的作用更加显著。在中国企业"走出去"的过程中，拥有国际化视野的人才能够帮助企业快速适应海外市场，做到产品本地化。如小米在短短九年内，从无到有并一举跻身世界500强，与其注重运用国际化人才的策略不无关系。小米创立之初，便邀请来自谷歌、微软等著名跨国企业大中华区的高级人才制定品牌战略；走向国际市场时，小米通过与当地人才合作，帮助品牌快速融入海外市场，进而让创新更加符合市场需求，提高产品竞争力。在全球化发展新阶段，更多的中国企业应面向全球招揽英才,用全球智慧推动中国创新。

此外,中国企业应对"走出去"过程中的种种挑战,需要更多国际自由贸易协定的帮助。过去 18 年中,WTO 为中国企业进行跨国贸易提供了更加优惠的关税,并在中国企业遭遇不合理非关税壁垒时,积极维护其正当利益。中国如果能更多地获得区域全面经济伙伴关系协定、亚太地区自由贸易协定、全面与进步跨太平洋伙伴关系协定等贸易协定的帮助,中国企业的全球化发展将更加顺利,发展质量将进一步提高。

在世界 500 强榜单上,中国企业数量从少到多、排名从低到高,是中国企业逐渐融入、引领世界市场的生动见证。在经济全球化新阶段,中国要以开放推动公平竞争,以竞争激发创新活力,推动中国企业更上层楼。

(原载于《北京青年报》,2019 年 7 月 28 日,有改动)

# 扩大对外开放　让中外企业合作更紧密

2020年7月15日，国家主席习近平在给全球首席执行官委员会的回信中表示，中国将继续深化改革、扩大开放，全面落实"六稳""六保"重大政策举措，为中外企业投资发展提供更完善的营商环境。7月21日，习近平主持召开企业家座谈会强调，市场主体是经济的力量载体，保市场主体就是保社会生产力。要千方百计把市场主体保护好，激发市场主体活力，弘扬企业家精神，推动企业发挥更大作用，实现更大发展。

外资是中国改革开放后经济社会快速发展的重要因素。改革开放40多年来，中国引进外资取得了巨大成效，对我国产业升级、技术进步、经济增长、财税增收、社会就业增加等发挥了重要作用。去年年底，我国存续的外资企业（含港澳台）约100万家，对国家工业总产值的贡献度超过20%。40多年来，外资外贸常年对我国税收的贡献超过25%，直接间接就业超过2亿人，为我国开放型经济发展做出了重要贡献。

在全球经济和金融周期下行的背景下，中国市场因其广阔性、完备性、稳定性和开放性，2017年至2019年连续3年中国新增外商投资共计约4500亿美元，使中国成为时下全球吸引外商投资最多的国家。在新冠肺炎疫情冲击下，世界经济陷入萧条，中国经济的亮眼表现使外资企业更加坚定了对中国市场的信心。

根据中国美国商会、上海美国商会与普华永道中国3月的联合调查数据，尽管新冠肺炎疫情的影响尚未完全消除，大部分在华美企暂无转移生产线或取消在华采购项目的计划，近70%的受访者预测其在华供应链业务将于3个月内恢复正常，96%的受访者预测其在华业务将于3到6个月内回归常态。中国美国商会4月的最新调查数据还显示，随着中国加快推进复工复产，42%的受访在华美企表示已经恢复正常运转，13%来自技术行业的公司预测中国市场将有所增长。

新冠肺炎疫情发生以来，很多国家采取了严格的出入境管制措施和防疫隔离措施，使人员交流及物流运输面临难题，跨国商务活动、国际经济合作面临挑战。为推动在京外资龙头企业复工复产，最大限度减轻疫情影响，5月以来，北京市委书记蔡奇以"云外事"的形式分别会见了美国康卡斯特集团董事长兼首席执行官罗伯兹、环球主题公园及度假区集团董事长兼首席执行官威廉姆斯、德国戴姆勒股份公司董事长康林松和瑞士ABB集团董事长傅赛等跨国公司负责人。"云外事"对外释放了积极信号，对于鼓励引导更多外企复工复产，维护产业链供应链安全和稳定发挥了重要作用。

近段时间，全球产业链供应链因疫情出现中断，保护主义、逆全球化思潮涌动，中国面临复杂多变的国际外部环境。诸多外资企业对中国市场的坚定信心，向国内外释放了非常积极的信号。中国面临吸引外资、开放发展的新机遇，需要更好发挥外资对我国经济社会发展的作用。

此前，为防控境外输入病例，许多国家纷纷限制入境。我国自3月28日起也实行外籍人士入境限制政策。受其影响，许多在华跨国企业管理人员及家属等尚未能返华复工，使企业正常的生产运营活动面临挑战。如今，在疫情形势好转背景下，一些国家正慢慢放开边境，放宽限制。如俄罗斯从7月15日起取消对抵达俄罗斯的旅客进行14天强制性隔离的规定；日本分三阶段逐步开放入境，第一阶段将开放商务旅客入境，第二阶段则开放给留学生，第三阶段再开放给观光旅客入境。

我国在严格防控疫情同时，已向部分国家打开了"快捷通道"。从5月下旬到7月上旬，中德商业包机已分三批次从德国运回多名德国企业家和他们的家属。目前，中国也已与韩国合作建立起了主要面向商务人士的快捷通道机制，正在共同推动建立区域"快捷通道"网络。

大型跨国公司高管对企业的生存发展发挥着关键作用，其决策部署对企业所在地经济社会发展也具有较大影响。为推动复工复产，加速经济社会恢复正常发展，我国在严格防控疫情同时，也可放宽更多国家跨国企业高管等外籍人士来华限制，允许其效仿德国、日本等国，在驻华使馆、商会、企业等组织下通过集中包机形式入境。此外，为使返华外籍人士更加安心工作而不必忧心子女教育，也可放宽国际教育学校外籍师生返华限制，简化其入境手续，参考商务人士通过集中包机形式入境等。

全面建成小康社会，在21世纪中叶将我国建设成为社会主义现代化强国，是我国"两个一百年"奋斗目标。我国实现更高水平发展需要进一步融入世界，深度参与到全球化的发展浪潮中。在进一步扩大对外开放过程中，结合国情地情，更好发挥外资优势，不断优化营商环境，营造和谐融洽、沟通顺畅的政企关系，使外资更好助力我国实现长远发展战略目标，是当前和今后较长时间我国经济社会发展的一个重要方向。

（原载于《北京青年报》，2020年7月26日，有改动）

辑五

大国外交：
如何为全球化注入新动力

# 中国不会威胁现有国际秩序

2019年5月，美方单方面宣布将对中国商品加征关税，导致了中美贸易摩擦再升级。经贸局势紧张，中美关系也处于波折之中。在这样的国际背景下，笔者作为辩方受邀参加于5月9日在加拿大多伦多举行的国际著名辩论会"芒克辩论会"，这次辩论会以"中国是否会对自由国际秩序造成威胁"为议题，围绕中国对国际社会的影响展开了激烈辩论，最终笔者所在的支持"中国不会威胁现有国际秩序"论点的一方获得了胜利。

## 中国发展回馈世界

中国受益于世界，贡献于世界。中国的发展得益于世界贸易体系，在发展过程中也让世界各国受益。

首先，中国被联合国誉为"维和行动的关键因素和关键力量"。中国参与联合国维和行动已有29年。作为联合国最大的维和部队派遣国，中国为联合国维和人员提供的预算占比由2013年的3%增加到2018年的10%以上。中国目前是联合国常规预算和维和预算第二大出资国。另一方面，中国的扶贫政策也为联合国2030

年可持续发展目标的实现做出了不可忽视的贡献。自 1978 年末至 2017 年末，中国对全球减贫的贡献率超七成，采取的减贫模式和精准扶贫政策更对世界扶贫事业具有重要意义。

其次，中国支持的亚洲基础设施投资银行对加强自由国际秩序有着积极影响。至今，亚投行已批准了价值 79.4 亿美元的 39 个项目，旨在为亚洲命运共同体提供有力支撑的同时，增加推进自由国际秩序改革的区域合作机构的多样性。此外，"一带一路"倡议的提出和实施也是最典型的实例之一。虽然这一倡议仍然在不断完善的过程中，但中国是唯一为全球发展提供蓝图并同时提出解决方案的国家。"一带一路"作为一项多边合作的基础设施建设项目，通过区域合作大幅度地带动了沿线国家的基础建设和经济发展，也带去了大量的投资。目前，随着七国集团和二十国集团成员的加入，"一带一路"框架准则也会逐渐完善，同时也将为周边国家带来更多的益处。

## 中国成为世界机遇

在辩论中，美国智库学者质疑"中国拒绝世界贸易机制，将政府控制经济凌驾于美国推崇的市场机制之上"。实际上，中国自加入世贸组织以来的发展，都是在坚持国家原则，并根据国情进行经济体制改革的基础上，对世界贸易体系的接受和学习。因此，中国是接受世贸体系的。过去 40 年，中国经济飞速发展。至今，中国已经成为世界两大经济体之一，为其他国家提供了巨大的国际贸易市场。可以说，中国的参与对全球自由贸易体系来说是一个绝佳的机遇。

另一方面，WTO每年都会评审中国的"发展状态"。若中国真的已经是发达国家而不再是发展中国家，就应该将WTO改革与重组纳入考量，而不是以强制技术转移等理由来直接反对中国。对于国际合作过程中出现的质疑和分歧，中美，包括其他国家，都应该以磋商的方式加以解决。

中国的对外开放进入了新阶段，如何在全球化面临新挑战的今天，进一步深化、扩大对外开放，在加强国际合作，深度参与全球化的同时，维护国家安全和利益，具体国情是不可忽视的考虑因素之一。中国的和平稳定发展，对支持、加强、完善自由国际秩序有着重要作用，这也符合中国及世界各国的利益。

## 中国与世界共发展

中国是一个学以致用的共进者，而不是威胁者。

国际形势日益变化，但全球化始终是未曾改变的大趋势。在全球化进入新阶段的今天，没有哪个国家在全球问题的威胁面前能够独善其身。中国的发展是和世界各国的发展同步的。在这个世界各国共生、共存、共发展的新时代，扩大交流与合作是包括中国在内的所有国家的共同选择。因此，中国的发展不是威胁，而是共进。

近期，美国多次限制华为5G技术在美国的建设发展，甚至干扰华为与欧洲国家的合作，这造成了中美经贸局势再度紧张。然而，中国5G技术的发展推广与跨国合作，是符合各国共同利益的国际合作项目。中国、美国以及其他所有国家，都应当致力于维护符合共同利益的国际合作。

中国改革开放40余年来，始终在融入世界、参与全球化的进程中不断学习、吸收成功的发展经验。无论是积极参与联合国维和行动,还是扩大市场开放程度,或是推动"一带一路"倡议的发展,中国在各个领域的发展都在向世界展现一个兼容并包、和平友好的中国。在全球化新时期,国际秩序、国际组织的发展也面临着新的挑战和机遇,中国也将是与世界各国共同促进其改革的推动者,将继续扮演重要角色。同时,中国也将以共同构建一个公正、和平的国际社会为目标,为加强现有国际机制做出更大的贡献。

(原载于《参考消息》,2019 年 5 月 24 日,有改动)

# 中美欧合作共建更包容的全球秩序

前不久结束的第56届慕尼黑安全会议提出了"西方缺失"（Westlessness）的概念。作为安全领域的最高规格国际论坛，慕安会对"西方缺失"或者"非西方化"的讨论，表明当前西方进入自我反思期。欧盟国家正在重新衡量自己在当今世界的角色，并在思考与大西洋彼岸美国以及与世界其他国家的关系变化。这也意味着中欧合作迎来新的发展契机。中欧双方应加强合作，并注重平衡与美国的关系，构建中美欧三边协调机制，共同推动国际秩序朝着更加包容、公平的方向发展。

慕安会素来被看作"二战"后西方世界军事安全的思想库和俱乐部，有"北约的派对""跨大西洋晴雨表"等之喻，本次大会更是吸引了来自政、商、学等各领域超过500名全球高级别的决策者和研究人员参加，包括数十名国家元首和政府首脑，上百名各国防长和外长。中国国务委员兼外交部长王毅出席了会议并应邀发表大会主题演讲。第十三届全国人民代表大会外事委员会副主任委员傅莹和中国南海研究院院长吴士存等中方代表也参会。笔者也应邀参加本次会议，同时笔者所在的全球化智库作为唯一的中国智库已连续第二年在慕安会上联合慕安会官方举办正式边会，今年除与慕安会合办的会议外，还与北约（NATO）安全防御类中心（COECSW）联合举办圆桌研讨会。

会议伊始，慕安会主席沃尔夫冈·伊辛格便提出"西方缺失"这一话题。他认为西方国家正在失去西方的色彩，同时西方对世界的影响力也在减弱。这种"非西方化"的不安感正在不少西方国家蔓延。

从全球化发展的角度看，西方社会产生这种不安的原因显而易见。随着全球自由贸易的发展，以金砖国家为代表的新兴市场国家快速崛起，其他发展中国家对不公平国际秩序的反对声音也日益强烈。西方国家很难再像以前一样，将自己的意志强加于他国，塑造全球治理格局。

"非西方化"出现的另一个原因则是西方内部的分裂。随着民族主义、民粹主义的复苏和美国总统特朗普"美国优先"政策的提出，西方内部的分歧越来越明显，大西洋两岸的距离似乎越来越远。在此次会议上，美国国务卿迈克·蓬佩奥提出"西方正在获胜"时，法国总统马克龙却指出了西方的弱点，他认为欧洲应该有自己的外交政策，必须和美国区分开。

无论是非西方力量的崛起，还是跨大西洋地区联盟内部的分裂，"非西方化"的趋势无疑都在加强。然而，其中更深层的原因可能并不是西方力量在相对下降，而是"东西之分"思维已不再适用于全球化发展的新阶段。

虽然"西方"一词在不同时期的内涵不同，提及"西方"便意味着还有"东方"，这种划分阵营的说法本身便有对立和分裂之意。虽然冷战结束后，国际社会逐渐将目光从东西两极对立转移到全球化发展和地缘政治等话题上，但"东方"和"西方"之间的裂痕却仍未彻底弥合。

不过我们需要看到，气候变化加剧、环境污染突出、国际恐怖主义猖獗、新冠肺炎等全球性流行病暴发等情况，已充分显示我们生活在一个相互联系的世界，关系到人类存亡的真正威胁并非源于单个国家的崛起，而是全球性的挑战。在这些挑战面前，再机械地划分东西阵营已经没有意义，只有各国通力合作，才能实现人类的可持续发展。

随着世界多极化程度加深，各国需要共同构建一个更加包容的世界秩序。这也意味着，西方国家需要承认，中国等发展中国家有着不同于西方的发展模式，这些国家的崛起和发展是不可逆转的。以中国为例，中国近年来对全球经济增长的贡献率接近30%，中国也是联合国两项预算第二大出资国和《巴黎协定》签署国，有意愿也有能力在突破全球治理发展"瓶颈"过程中贡献更多力量。

"西方缺失"讨论还引发了本届慕安会对"中美欧三边关系"的讨论。中美建交40多年来，两国关系虽有起伏，但总体来看仍是合作大于竞争。与此同时，中国与欧盟也迎来了建交45周年，双方高层交往密切，合作潜力进一步释放。如果中美欧三方能够成功找到和谐共存之道，将对推动未来世界和谐发展以及和平应对全球化各项挑战产生深远意义。当前国际格局中，美欧同盟是不争的事实，但欧盟应该更多考虑如何更加独立，主动充当中美关系中的"平衡者"。中欧双方则可在这一过程中加强合作，构建"中美欧三方协调机制"，共同推动世界秩序更加包容与公平。

本届慕安会对"非西方化"的讨论令人惊讶，更发人深省。在传统西方阵营式微的背景下，中国需要更多地思考如何推动全球发展，并及时调整自身定位。同时，应以更加开放的姿态与世界各国分享发展经验,用"和"的智慧弥合世界的裂痕,用"共赢"方式实现共同进步,以"人类命运共同体"价值观寻找应对全球化挑战的更优方法。

(原载于《北京青年报》,2020年3月1日,有改动)

# 在平等基础上寻求合作才能创造中美共赢

中美关系是当今世界最重要的双边关系，中美经贸关系更是两国关系的压舱石。但自特朗普总统上任以来，美国采取了一系列单边主义和保护主义措施，中美之间也随之产生了紧张的经贸对抗关系。两国如何处理经贸争端将关系到两国乃至整个国际经贸环境的未来走向。为了避免中美经贸摩擦再次升级，中美可以进一步探讨基础设施合作项目，推动中美在基建领域的合作，中美企业也可多尝试在第三国合作，继续在旅游、留学、教育、移民、能源、互联网等领域加强合作。中美关系影响世界经贸格局，中美只有通过合作才能共创双赢，才能让各国在稳定、和平的环境中繁荣昌盛。

中美之间应该加强沟通，从两国人民的根本利益出发，以平等协商的态度来友好解决两国目前面临的问题。唯有如此，方能找到对两国和世界人民都有利的一个结果。从2019年6月2日发布的《关于中美经贸磋商的中方立场》白皮书中，可以看到中方对平等协商基础上的合作原则的坚持。由此，人们也看到中方对实现中美共赢的根本目标没有改变。

自特朗普总统上任以来，中美经贸摩擦升级，美国对华立场出现根本转折，对华强硬成为美方很多人员的"政治正确"，甚至部分美国人还提出"文明冲突论"来形容当前的中美关系。这给两国的共赢发展带来了极大挑战。

自改革开放以来，中国始终维护和倡导由美国主导的多边贸易国际规则，但由于中美两国政治体制不同，在经济结构、发展阶段特点和国际产业分工上也不同，两国所实施的贸易政策当然会有所不同。美国应该意识到其面临的产业空心化等问题是美国经济自身发展的结果，而不应该将当前的各种社会矛盾转移到中美贸易上面来。

为了避免中美经贸摩擦再次升级，笔者认为：

可以进一步探讨基础设施合作项目，推动中美在基建领域的合作。日前，特朗普总统与民主党领袖同意花费2万亿美元，修筑美国道路、桥梁、电网、用水与宽带等基础设施；美国参议院民主党领袖舒默甚至表示，将开会讨论特朗普关于基建融资的想法。尽管后来据报道称此次会议"不欢而散"，但也反映出特朗普总统对美基础设施改造的重视。在美国大选到来之际，中美可抓住机遇，探讨出几个中美基础设施的合作项目，争取在基础建设投资领域实现合作。

中国改革开放40余年来，中国在由美国主导的多边贸易国际规则中获益，未来还将继续秉持"共商共建共享"原则，倡导多边主义。因此，中美两国应在尊重彼此的政治体制和传统的基础上，在多边贸易体制机制上建立更加稳固的合作关系。例如，作为全球最大的两个经济体，中美可以在WTO改革上进行有效配合，努力推进相关新措施新原则的落地。其次，中方可考虑和欧盟、东盟国家及英国、日本、澳大利亚等国的自贸谈判，促成CPTPP、RCEP和中日韩自贸区等多、双边自贸区谈判，向世界展示中国将更加积极地维护多边主义、更大程度地开放的决心。

建议两国继续在旅游、留学、教育、移民、能源、互联网等领域加强合作。长期以来，中美之间以旅游、留学和技术移民等为代表的服务贸易一直被忽略。因此，寻求与美国在这些领域的合作，不但能够有效提升中美人文交流、满足人民的需求，同时也能有利于平衡中美贸易的差额，缓解当前的经贸摩擦。为达成更长远的合作关系，在共同关注的全球问题上，如气候变化、核扩散威胁、反恐等方面两国应达成更多共识，携手打造更美好的世界。

中美关系影响世界经贸格局，中美只有通过合作才能共创双赢，才能让各国在稳定、和平的环境中繁荣昌盛。

（原载于《中国青年报》，2019年6月24日，有改动）

# 中美关系须超越新冷战论调

当前，中美关系正陷入建交以来的历史低点，关于中美"脱钩"、新冷战等说法受到广泛讨论。然而，尽管美国摆出了与中国进行全面竞争的姿态，中美关系已发生实质性变化，但中美不可能完全"脱钩"，以美苏对抗视角观察中美关系存在时代局限性，看待和应对中美关系变局需要开拓新思路。

近几年，中美关系由深度相互依赖、合作大于竞争到面临"脱钩"风险，不断出现历史性、颠覆性变局，全面竞争性正日益凸显。特朗普上台之后，在2017年正式出台战略报告，把中国定义为战略竞争对手，次年开始打贸易战，接着对中国实行技术封锁。新冠肺炎疫情之下，美国不断甩锅中国，再加上近来的香港国安法问题、驱逐记者及留学生、关闭中国驻休斯顿总领馆、南海军演、对台军售等，中美关系的一系列变化被称为"自由落体"式下降。

美国白宫今年5月发布的对华战略报告，以及美国副总统彭斯2018年10月哈德逊智库的演讲，在美国的对华战略中是两份重要的文件。它们反映了美国对华政策的转向，即从过去40年的接触和遏制、以接触为主的政策转向竞争和遏制政策。2020年7月23日，美国国务卿蓬佩奥在美国已故前总统尼克松故乡的尼克松图书馆发表专题演讲，宣告尼克松 1971 年开始的对华接触政策已经失败的同时，表达了要对中国采取全面对抗的姿态。他的讲话被广泛理解为新冷战的宣言。

中美关系裂变带来的不确定性令世界秩序前景堪忧。联合国秘书长古特雷斯在 2020 年 8 月 18 日举行的"TIME100"会谈上讨论全球领导力时指出，美中关系"从来没有像今天这样失调"，并警告说两个大国之间不断升级的紧张关系可能会把世界分裂成"两个集团"，"这对世界来说是一个巨大的风险"。"休克疗法之父"、美国经济学家杰弗里·萨克斯此前也警告称，美国政府正在试图发动的与中国之间的冷战，将比新冠病毒带给全球的担忧更大。

但也有观察指出，将中美对抗比作冷战中美苏对抗的说法并不准确。英国《金融时报》的政治评论员斯蒂芬斯（Philip Stephens）指出，中国是要在同西方经济互相依赖的框架内实现它的目标，中国走的是依赖资本主义的道路，而冷战时期苏联的目标是要摧毁资本主义。冷战时美苏是不同制度的较量，但现在的中美对抗是国家间的竞争。《福布斯》资深撰稿人拉波扎（Kenneth Rapoza）分析认为，目前的美中较量和过去冷战的不同之处在于，它不是军事力量的对抗，而是工业生产能力的较量。

可以说，尽管中美对抗正愈演愈烈，但还不是美苏冷战式对抗。中美和美苏之间的确都有不同意识形态和价值体系，且都具有超大版图，但中国不是苏联式的扩张性霸权，不搞阵营对抗，无意在地缘政治和军事上碾压美国，也没有大搞意识形态输出。美国意图将中美关系拉向冷战，在其一系列挑衅行为之下，中国如何应对、世界如何看待和回应中美关系变局就显得十分关键。新冷战叙事无疑预设并框定了中美关系演化方向，也容易使人以美苏历史为参考而先入为主地定性中美关系的现状及未来。

与美苏冷战不同，经贸及人文交流的深度和广度是中美关系相互依赖、密切联系的重要体现。建交40多年来，经贸关系在稳定中美关系中发挥了重要作用，被认为是中美关系的压舱石。如今，中美两国经济总量超过世界三分之一，对世界经济增长贡献率超过50%。双边贸易额较建交之初增长了250多倍，达世界五分之一，双向投资从几乎为零攀升到近2400亿美元，每年人员往来达500万人次。

中美合作所带来的互惠互利早已深入到两国社会发展及民生福祉当中。据统计，中美经贸关系支撑美国260万个就业岗位，两国贸易平均每年为每个美国家庭节省850美元的生活成本。美国企业在华投资兴业累计已超过7万家，年销售额达7000亿美元，其中97%都是盈利的。即使在中美贸易摩擦和新冠肺炎疫情影响下，绝大多数美国企业仍希望继续留在中国，并且逆势扩大对华投资。因此，尽管中美贸易摩擦持续紧张，经贸关系仍是调和中美关系的基础性因素。

此外，比较美苏冷战时期和当前中美关系可以发现，国际环境变化下美国缔结盟友与中国开展阵营式对抗的可能性很小。当今世界，各国的政治自主性意识已得到极大发展，在经济全球化深入发展背景下，欧亚等地区国家在中美之间绝对性选边站队的可能性较小。德国《焦点》周刊8月17日也刊文称，美国不断强调的所谓"西方"其实并不存在，中西经济已经牢牢捆绑在一起，"脱钩"不会成功。而且，特朗普政府近年来接连退约退群、打压盟友，成为单边主义和孤立主义的集大成者，国际公信力和影响力下降。而中国则通过金砖国家、上海合作组织、亚投行、丝路基金、"一带一路"倡议等与广大国家建立了友好关系，与众多国家开放合作、互惠互利，得到了越来越多国家和民众的认可和支持。在此背景下，美国未必能如愿形成遏制中国的同盟，与中国打新冷战或许会受到孤立。

今年是美国大选年，在"逢中必反"的论调下，特朗普政府大打"中国牌"也有为选举造势的意图。中国应保持定力，在维护自身利益的同时选择性不"应战"，不被美国带着节奏走。一些政客及媒体抨击中国政治体制、中国共产党等的说辞对于不了解中国的民众来说或许具有一定煽动性，但事实无可辩驳。哈佛大学肯尼迪政府学院在中国进行了 13 年连续调研，他们的调查显示，中国人民对党领导下的中国政府满意度高达 93%。近年来，不少国际机构的民调也显示，中国民众对政府的信任度超过九成。中国的体制机制确须进一步深化改革，但如何在西式话语权下突围，与国际社会更好地展开对话，让更多国家及民众了解一个和平、合作、和睦的中国，也是中国从政府到民间社会都要面对的时代之问。

作为当前百年未有之大变局下最大的不确定性，中美关系何去何从正考验着中美两国及国际社会的政治智慧。中国不仅要做最坏的打算，为中美"脱钩"甚至爆发局部热战、地区封锁等政治军事变化做准备，在对外关系中坚决捍卫国家主权和领土完整，也应以软实力、巧策略、诚态度争取中美关系缓和、扩大朋友圈。如进一步寻求中欧共识，拓展合作空间，建立与欧洲国家双多边多层级多领域合作；与韩国、日本及东盟国家等加强对话，推进亚洲地区经济一体化进程；通过"一带一路"建设与更多发展中国家建立友好联系等。

在全球性问题迭出的时代，实现人类社会可持续发展应是超越大国间地缘政治竞争的更高价值。中国作为负责任大国，应创造性地设置议题，提升国际话语权和公信力，在国际社会凝聚起更大的正向发展力量。

（原载于"中美聚焦"，2020年10月10日，有改动）

# 中欧合作为世界稳定发展注入新动能

日前，第 22 次中国—欧盟领导人会晤顺利举行，国家主席习近平在北京以视频方式会见了欧洲理事会主席米歇尔和欧盟委员会主席冯德莱恩。此次会晤体现了中欧之间相互支持，通过合作促进开放型世界经济发展，维护多边主义和推动全球治理创新的共同意愿。

2020 年是中国与欧盟建交第 45 年。在 45 年的交往与合作中，中欧双方为建立全面战略伙伴关系打下了坚实的基础，中欧之间紧密的经贸联系是开展战略合作的压舱石。2019 年中欧双边贸易额为 4.86 万亿元人民币，增速达 8%，中国在欧盟直接投资设立的企业超过 3200 家，雇佣外方员工近 26 万人，覆盖了欧盟所有成员国。

中国也是欧盟投资的主要目的国之一。中国欧盟商会近期发布的调查报告显示，尽管受到新冠肺炎疫情影响，欧盟企业在华开展业务面临巨大挑战，但仅有 11% 接受调查的企业表示，计划将当前或未来的投资转移到其他市场。随着中国市场进一步开放，中欧经贸合作将迎来更大的机遇。

中欧之间尽管存在一些分歧，但双方不存在根本利害冲突，双方的共识远大于分歧。这为下一步双方的合作升级奠定了基调。在新冠肺炎疫情暴发后的特殊时期，中欧双方面对空前高涨的逆全球化潮流，依然选择了合作的道路，共同支持世界卫生组织工作，为在抗击疫情中处于弱势的发展中国家提供支持和援助。在为人民谋取更多福利这一共同目标指引下，中欧合作将会更加默契，成为驱散疫情雾霾的一道光亮。

疫情期间，中欧之间的互帮互助还体现了双方从政府到民间的多层次合作意愿。中欧合作没有因为语言和文化的差异而被阻碍，而是在交流和沟通中更上层楼。近期，德国总理默克尔多次公开表示，对欧盟来说，保持与中国的合作具有战略利益，德国担任欧盟轮值主席国后，将把发展欧中战略伙伴关系作为首要任务。

目前，抗疫常态化已成为世界各国不得不面对的现实，中国和欧盟各国也不例外。在全球化时代，没有一个国家可以独自迎接挑战，中欧合作将为世界稳定发展注入更多动能。

中国和欧洲各国在探索更精准的疫情防控方式、遏制疫情继续扩散的基础上，应合作推动经济尽快复苏，稳定就业，避免疫情给人民生活造成更大损失。中欧双方可加强宏观经济政策协调，共同维护中欧和全球价值链稳定。中欧在全球价值链中处于不同的环节，欧盟具有技术优势，中国有显著的市场优势，如中国在2016年成为德国汽车品牌梅赛德斯—奔驰和宝马的全球最大市场。通过进一步协调各自宏观经济政策，中欧之间的经贸合作将更加密切，以带动、促进全球价值链恢复正常运行。

应尽快促进中欧投资协定达成，进一步推动中欧贸易自由化。此次中欧领导人会晤中，双方重申了在2020年达成中欧投资协定的目标。中欧投资协定如果如期达成，意味着中欧合作在标准和规则层面实现高度对接，确保双方在公平互惠基础上实现对彼此的市场开放，极大地鼓励双向投资发展。

与此同时，中欧自贸协定谈判也应加快议程。疫情暴发前，欧盟已连续 16 年成为中国最大的贸易伙伴，中欧贸易总量超过世界贸易总量的三分之一。如果中欧之间的贸易自由化程度进一步提升，将为世界经济发展注入一剂强心针。

中欧应加强"一带一路"合作，推动"一带一路"倡议发挥对世界经济的促进作用。疫情之下，中欧班列仍然保持稳定运行，成为连接亚欧大陆沿线各国的重要运输纽带，成为中欧互助合作的重要承载。截至今年 5 月，中欧班列累计开行 1033 列，首次突破 1000 列，发送货物 9.3 万标箱，单月开行列数和发送量均创历史新高。"一带一路"倡议在危机中仍能保持巨大活力，为全球经济发展提供支持，彰显了提升亚欧大陆互联互通的重要价值。

在推动绿色发展、应对气候变化等领域，中欧双方存在着巨大的合作空间。在联合国成立 75 周年之际，特别是人类面临新冠肺炎疫情这一重大全球性危机之时，联合国提出的可持续发展目标更显其意义重大。在日前举行的纪念《联合国宪章》签署 75 周年线上研讨会中，与会专家表示中欧合作对维护多边合作至关重要。作为多边主义合作的支持者与推动者，中欧可在经贸合作标准、碳交易市场、清洁能源技术创新和海洋污染治理等方面加强合作，进一步推动人类不断迈向可持续发展目标。

在不断变化的国际形势中，中欧合作可能会遇到更多困难和挑战，但合作将一直是中欧关系的主旋律。中欧双方将不断加强理解与互信，共同应对当下和未来可能出现的危机，为本国人民创造更多福祉，为全球化发展贡献更多力量。

（原载于《北京青年报》，2020 年 6 月 28 日，有改动）

# 以中德合作助推中欧关系提质升级

2020年7月1日起,德国正式接任为期半年的欧盟轮值主席国。面对新冠肺炎疫情下的重重挑战,德国作为欧盟领头羊,如何带领欧盟实现经济复苏,"让欧洲再次强大",受到广泛期待。此前,第22次中国—欧盟领导人会晤6月22日以视频方式举行,为中欧在"后疫情时代"展开多领域合作带来新契机。德国总理默克尔日前曾多次公开表示,对欧盟来说,保持与中国的合作具有战略利益,德国担任欧盟轮值主席国后,将把发展欧中战略伙伴关系作为首要任务。

作为中欧关系的重要一环,中德一直致力于实现合作共赢。英国"脱欧"后,德国在欧盟中的影响力增大。在中美摩擦持续升级、美欧关系龃龉不断、欧盟内部危机重重等国际变局背景下,德国在促进欧盟团结、推进中欧合作及平衡中美欧关系中的作用凸显,中德合作愈发具有地区及全球性引领示范意义。

近年来,中德两国高层互访频繁,双边关系发展水平不断提升。中德2004年宣布建立具有全球责任的伙伴关系,2010年建立战略伙伴关系,2014年进一步提升为全方位战略伙伴关系。与此相匹配的,中德对话合作机制日趋完善,迄今已建有近80对合作机制,在中欧关系中位居前列。

经贸合作是中德关系的压舱石。德国已连续40多年保持中国在欧洲最大贸易伙伴地位，中德贸易占中欧贸易额的三成左右，相当于中国与英法意三国贸易之和。根据德国联邦统计局的数据，2019年两国的双边贸易额达到2057亿欧元，中国已连续4年成为德国最大的贸易伙伴。同时，德国是欧盟对华直接投资最多的国家，截至2020年3月底，中国累计批准德国企业在华投资项目10939个，德方实际投入353.3亿美元。

1978年中德科学技术合作机制建立以来，两国在工业4.0、环保及可持续发展、城市化、电动汽车和生命科学，以及高等教育和职业教育等多个领域开展了广泛合作。当前，中德处于工业化的不同阶段，两国在新能源汽车、智能制造、人工智能、数字化和5G等新兴领域合作前景广阔。中国市场潜力和机遇巨大，中德合作中的一些有益尝试可推广到中欧合作。同时，作为欧盟火车头，德国可推进中欧合作进程，提升中欧交往层次，在增进双边关系的同时与中国在欧盟框架下开展多边合作。

第一，可尽早商定召开中欧峰会。当前，由于新冠肺炎疫情，原定9月在德国莱比锡举行的中欧峰会已被推迟。中欧疫情防控均已常态化，欧洲正面临新一波疫情冲击，防控新冠肺炎疫情在未来仍将持续相当一段时间。在新冠肺炎疫情防控举措已较为完备的情况下，中德可密切沟通推动，将线下会谈与视频会议相结合，尽早召开中欧峰会。

第二，中欧投资协定谈判当前已取得重要进展，德国作为今年下半年欧盟轮值主席国，可着力促成中欧投资协定签署并适时推动开启中欧自贸协定谈判。欧盟是中国最大的贸易伙伴，中国是欧盟第二大贸易伙伴。面对新冠肺炎疫情带来的巨大冲击，中欧加强政策协调及经贸合作可为世界经济复苏提供动力。

第三，中美、中欧、美欧是当今世界非常重要的三对关系，欧洲是其中可发挥调和平衡作用的重要因素，德国可更好发挥平衡器作用。美欧是传统盟友，但美国近年来高举"美国优先"大旗，频频损害欧洲盟友利益，美欧跨大西洋伙伴关系嫌隙渐深。中美摩擦则持续升级，呈全面竞争对抗态势，其内在结构性矛盾也难以调和。中欧之间并不存在根本性利益冲突，在中美对抗趋于全面公开化情况下，欧洲起到平衡调和作用，对于中美欧平衡及世界秩序稳定具有关键作用。德国在促进欧盟团结及实现欧盟经济复苏的同时，可推动欧盟发挥更加独立且中立的作用，避免出现冷战式对抗阵营，并适时调和中美关系，为中美对话及合作创造条件。

第四，中德可推进中欧在应对地区及全球性问题上取得更多切实成果。中欧作为多边主义和地区合作的坚定维护者，在 WTO 改革、应对全球气候变暖及推进《巴黎协定》履行、推进国际公共卫生合作等地区及全球性问题上具有共同合作意愿。在美国退约退群、奉行单边主义情况下，中德可推动中欧在多边合作中发挥更积极作用，共同为世界提供国际公共产品，推动世界可持续发展。

今年是中欧建交 45 周年。回顾过往，中国同欧盟关系保持了合作主基调，增进了双方人民的福祉，也为世界注入了更多稳定性。在"后疫情时代"，中欧关系更加稳健成熟，向更高水平发展，对双方发展及世界繁荣稳定具有重要意义。德国在欧盟中具有领导性作用，中德进一步深入合作将为两国及中欧关系发展带来新机遇，也可为世界增添更多稳定因素。

（原载于《北京青年报》，2020 年 8 月 23 日，有改动）

# 发展中日韩合作　凝聚亚洲力量

2019年12月24日，第八次中日韩领导人会议在四川成都举行。会前，国家主席习近平在京分别会见了韩国总统文在寅和日本首相安倍晋三。本次会议发表了《中日韩合作未来十年展望》，通过了"中日韩+X"早期收获项目清单等成果文件，三国领导人在诸多议题上达成广泛共识。中日韩是亚洲区域经济发展的重要推动力量，本次领导人会议为未来中日韩三国发展互利共赢的双边关系和三边关系奠定了基调，有利于进一步推进亚洲区域一体化，释放亚洲的经济发展活力。

世界经济的重心正在向亚洲转移，亚洲这一曾经普遍贫穷落后的地区如今正逐渐成为最具经济发展活力的区域。据统计，在过去的十年中，亚洲在全球商品贸易中所占的份额从约四分之一增长为近三分之一，而在全球资本流动量中的份额则从13%增长为23%。到2040年，亚洲GDP或将占全球经济的50%。《亚洲世纪》作者、著名全球战略家帕拉格·康纳在全球化智库发表演讲时曾表示，世界将在亚洲的引领下进入下一轮的经济增长浪潮。的确，在目前世界经济下行压力增大，全球贸易增长疲软的背景下，亚洲却在逆势增长。

进一步激发亚洲发展潜力需要加强区域一体化进程，凝聚亚洲力量。综观当今区域发展，欧盟、非盟和东盟等区域一体化组织在消除区域贸易、投资、人文交流等领域的壁垒方面起到了重要作用。亚洲国家发展也需要这种一体化机制整合各国资源，实现共赢发展。事实上，"亚盟"并非新概念，早在21世纪初就有学者对此进行热议。若"亚盟"成为现实，那么亚洲国家之间的合作与交流将更为紧密，各国可以充分发挥互补优势，提升国际竞争力。

尽管与欧洲和非洲相比，亚洲国家之间关系更为复杂，一体化发展的难度较大，但是并非不可能。在亚洲一体化进程中，中日韩三国作为亚洲经济发展重要一极将扮演十分关键的角色。中日韩三国分别为世界上第二、第三和第十一大经济体，约有15亿人口，GDP总量近21万亿美元，占亚洲的70%以上。推动亚洲一体化发展应从东亚一体化开始，以中日韩合作为中心，逐步凝聚整个亚洲的力量。

在政治方面，中日韩三国之间虽仍有分歧和矛盾，但整体关系向好发展。本次中日韩领导人会议为未来十年三国的合作指明了发展方向。中日韩三国未来将继续深化合作，增强政治互信，坚持开放维护多边主义，共同引领区域合作。本次会议还对朝鲜半岛无核化进程起到了侧面推动作用。

在经贸方面，正在谈判中的中日韩自贸区一旦达成将成为亚洲区域一体化的重要引擎。2018年，中日韩三国对世界出口合计3.8万亿美元，约占世界总出口的20.1%，进口合计3.4万亿美元，约占世界的17.2%。在经济结构上，三国产业发展各有优势。中日韩自贸区的形成将有助于充分发挥产业间互补性，激发创新活力。在中日韩自贸区的基础上，RCEP和CPTPP也是中日韩加强经贸合作的重要抓手，特别是 CPTPP，可成为亚洲区域经贸一体化发展的强力助推器。与 RCEP 相比，CPTPP 的规则标准更高，成员国内部的投资贸易自由化程度也更高。如果中国和韩国一同加入 CPTPP，那么这一协定覆盖国家的 GDP 总额将超过世界的 30%。目前包括英国、印度尼西亚和泰国在内的国家均有意加入 CPTPP。届时，CPTPP 不仅将推动亚洲一体化发展，也将成为亚洲国家与世界各国开展深入合作的重要平台。

在文化认同方面，亚洲价值观和儒家文化思想在中日韩三国合作中也起着重要的维系作用。文化是连接不同国家人民的剪不断的纽带。中日韩三国传统文化被儒家思想深深感染，长幼有序、社会关怀、以和为贵等都是被推崇的宝贵品质。这些国家还保留着相似的风俗习惯。事实上，不仅是中日韩三国，还有朝鲜和新加坡、越南、缅甸等东盟成员，这些使用筷子的国家都携带着相似的文化基因。如果从这一点出发，亚洲国家彼此可以找到更多共性与合作的出发点。这种"筷子文化"不仅将在中日韩三国的交流互鉴中加深人民的相互理解，也可成为凝结未来"亚盟"成员的精神纽带。

从建立自由贸易区到最终成立"亚盟"，一体化发展对亚洲各国来说都将产生积极的作用。诺贝尔经济学奖获得者、"欧元之父"蒙代尔认为亚洲应该并且可能会出现一种通用货币，即"亚元"，而这个统一的货币体系应以中日韩三国为中心。如果"亚元"成为现实，那么亚洲将实现高度的一体化，这不仅将对区域内各国产生深刻影响，世界格局也将因此发生改变。作为亚洲区域的重要成员，中国可在一体化进程中贡献更多力量。近年来中国不断加强与日本、韩国、俄罗斯、印度、东盟国家和中亚国家的合作与联系。中国在中美贸易摩擦的压力下，加强与周边国家的交往也可为中国经济发展带来更多机遇。中国未来可以在人民币国际化的基础上，主张构建一个统一的亚洲货币体系，从而使亚洲经济更加整合、贸易更加便利、抵御金融风险的能力更强。

亚洲崛起的趋势不可逆转，但亚洲一体化发展还有很长的道路要走，真正的"亚洲世纪"尚未到来。中国是亚洲崛起的重要驱动力，中日韩三国是引领亚洲经济发展走向的重要力量。我们需要不断加强中日韩三国合作，从战略和长远的角度解决分歧和矛盾，从而真正形成一股凝聚力，推动世界迈进"亚洲世纪"。

（原载于《北京青年报》，2019年12月29日，有改动）

# 开启40年发展新篇章　中日合作未来更可期

安倍晋三2018年10月25日抵达北京，开启为期3天的访华行程。这是日本首相时隔7年后首次正式访华，并出席了纪念《中日和平友好条约》缔结40周年招待会。中国和日本是世界第二大经济体和第三大经济体，中日合作的范围不局限在双边领域，未来中国和日本在第三方市场、区域发展和维护世界多边贸易体系等方面，有着更为广阔的合作空间。

中日经济有很强的互补性，未来应加强在"一带一路"倡议的合作和对话。中国和日本都将基础设施投资视为长期外交战略的核心组成，两国此前也在第三国的投资方面相互竞争，产生了正向效应，也出现了负面的影响。中日在第三国投资的分歧并非不可逾越，中日两国应通过在第三国的合作，把竞争状态转化为合作关系。中日海外投资各有特点，随着受援助国、受投资国对中国依赖度的加强，中日展开合作可以有效缓和这些国家国际局势和地区发展不确定性的忧虑。

2018年5月，国务院总理李克强访日期间，中日签署了《关于中日第三方市场合作的备忘录》，为中日在"一带一路"的合作奠定了基础。备忘录中的三个重要领域是基础设施、流通和能源环境，为中日在"一带一路"上加强合作明确了方向。目前，日本企业参与"一带一路"仍处于初级的搜集资料和观望阶段，未来，中日在"一带一路"上可以加强合作，相互学习、相互适应。合作方式可以包括日本参与中国企业项目、中国参与日本企业项目、中日互相利用基建成果、中日企业相互提供经验教训、日本参与中国"一带一路"中的产业集群等。

中国和日本经济互补性强，进行区域合作优势明显，两国文化相通，都是儒家文化圈的重要组成部分。两国的东北亚文化渊源深厚，文化上互通空间大，可以中国、日本、韩国为引领，推动经济上和文化上的"亚洲命运共同体"建设，扩大儒家文化圈，进而辐射整个亚洲地区。习近平总书记提出构建人类命运共同体，构建亚洲命运共同体可以成为第一步，并以此为蓝本向世界展示推广。

中日两国未来可以携手推动区域性合作。推动亚洲多边合作机制，实现区域全面经济伙伴关系协定谈判的早日完成。早日完成RCEP，有助于加强中国、日本及周边国家的经贸联系，扩大合作基础。同时，中日之间可以讨论中国加入全面与进步跨太平洋伙伴关系协定相关事宜，在CPTPP范围内加强中日合作，以经济领域带动其他领域的合作。中国加入CPTPP的时机已经成熟，而作为CPTPP的牵头国，日本既希望中国加入壮大CPTPP的实力，也想借机巩固中日关系。

同时，中国还可以推动CPTPP和RCEP的整合，促成涵盖范围更广、经济体量更大的亚太自贸区（FTAAP）的形成。CPTPP和RCEP，两个区域自贸安排既存在竞争，又具有一定互补性，两边的谈判近年来都在加速，使得两者存在相互融合的潜力。若能整合CPTPP和RCEP，建成完整、统一的FTAAP，将为亚太及全球经济释放巨大红利。

在维护世界多边贸易体系上，中日双方有着共同的认识和共同的利益。日本战后的迅速发展，得益于世界多边贸易体系，而中国改革开放40年巨大成就的取得，也是深度参与全球经济的结果。在当前世界单边主义和贸易保护主义抬头的背景下，中日两国都向国际社会表达了对维护世界多边贸易体系的鲜明态度。安倍首相上个月在联合国大会的演讲中表示："未来三年，我将继续担任日本首相，在我的新任期期间，我将尽全力来强化自由贸易体系。"未来中日可就如何改革WTO等问题交换看法，达成共识，积极推动。

中日在政策制定上也应有更好的沟通和交流。中日都面临着一些相同的社会问题，如老龄化社会、吸引国际人才政策等，中日在未来应更多地探讨面临的共同问题。

当然，中日之间还存在一些问题，合作之路未必会一帆风顺，但越是这样，越需要双方抓住机遇，维护好双方关系来之不易的改善势头。中日两国未来要持续加强沟通和信息交流，形成长效、稳定的沟通机制，这种沟通机制不仅存在于政府间，也应包括民间的"二轨"交流，如加强留学生交流、推动两国智库沟通等，从多层次逐渐积累互信，让两国合作的纽带韧性越来越强，合作的领域越来越广。

（原载于《北京青年报》，2018年10月28日，有改动）

# 中印关系应面向未来

2019年10月,中国国家主席习近平应印度总理莫迪邀请,赴印度金奈出席中印领导人第二次非正式会晤。中印两国领导人在马哈巴利普拉姆古寺庙群散步漫谈,共话中印合作的巨大潜力。

中印两国同为具有千年辉煌历史的文明古国,交流互鉴延绵至今,从海上丝绸之路到玄奘游学印度再到驼峰航线,中印友好交往的历史悠长。如今两国都是亚洲大陆上最具发展活力的新兴市场国家。尽管近年来中印两国之间时有摩擦产生,但在两国领导人和两国人民的共同努力下关系逐渐恢复友好。如果中印双方能继续保持合作发展,提升政治互信,这对中印两国合力推动全球治理发展和亚洲一体化具有长远意义。

2018年习近平主席与莫迪总理在武汉的非正式会晤后,中印关系进入发展新阶段。然而与此同时,在大国单边主义的干扰下,国际局势日益复杂,不容乐观。美国总统特朗普的"美国优先"政策对中印两国的自身发展都提出了严峻挑战。当前,世界格局正朝着多极化趋势发展,没有单个的国家可以独自应对这些挑战,而这也意味着中印两国更加需要通力合作,为解决各种全球化新挑战做出应有的贡献。

推进亚洲一体化发展是中印两国合作的重要方向。亚洲是当前世界最具经济活力的地区之一。据测算，按购买力平价（PPP）计算，亚洲经济体将于 2020 年超过世界其他地区，开启一个"亚洲世纪"。这不仅是亚洲国家在一体化的过程中经济逐渐繁荣的标志，更意味着亚洲将成为推动全球治理发展的结构性力量。当现有全球治理体系因各国难以达成共识而难以完成必要改革时，亚洲为推动国际多边合作做出了重要贡献——出现了全面与进步跨太平洋伙伴关系协定、区域全面经济伙伴关系协定等新贸易协定和亚洲基础设施投资银行等新多边合作机制。

在即将到来的"亚洲世纪"中，中印两国都是推动全球化的主要力量，将为推动全球化朝着更加公平和更加包容方向发展而不懈努力。中印两国人口占全世界总人口的 35%，对世界经济增长的贡献率达 45%。因此，中印合作对推进 WTO 改革等完善全球治理的重要方面产生积极意义，这将帮助发展中国家在国际舞台上更好地发声。同时，坚实稳定的中印关系也将成为亚洲区域繁荣和一体化发展的基础。

中印合作潜力巨大，既有挑战也有机遇。在政治方面，中印两国之间存在的领土争端和区域矛盾是两国政府提升政治互信的主要障碍。将信任赤字转换为合作互信是推动两国关系稳中向好发展的基石。在提升互信的基础上，中印两国可在经济贸易、互联互通、人文交流和环境保护等方面创新合作发展。

中印两国在经济上存在互补优势，可在相关领域共同发力，实现共赢。不仅在制造业和服务业的产业创新升级拥有合作潜力，而且在高新技术领域也有巨大合作空间。中国在人工智能和量子通信方面处于世界领先地位，而印度则以软件开发和信息技术咨询闻名。目前，中印企业尤其是民营企业合作成果显著。2019年第一季度，中国的智能手机品牌如小米、OPPO和VIVO等在印度的市场占有率超过60%。中国领先的互联网企业也已入驻印度多家互联网明星企业，阿里巴巴与腾讯先后通过入股方式涉足印度电商行业。

印度消费市场潜力巨大。2018年印度人口达13.53亿，且以年轻人口为主，较低的抚养比意味着印度居民可消费资产较高。笔者曾多次前往印度交流，切实感受到印度城市化发展迅速，随处可见的广告无一不彰显着这个新兴市场国家的活力。若中印两国能在RCEP谈判中凝聚更多共识，促使此自贸协议尽快达成，将极大便利两国自身发展，加速亚洲一体化融合进程。

提升中印两国之间的互联互通是促进亚洲区域高度融合的重要步骤。完善中印联通所需的基础设施可有效削减货物运输成本，刺激区域贸易发展。目前，尽管印度尚未加入中国提出的"一带一路"倡议，但是通过进一步的沟通交流，"一带一路"仍可成为中印合作的重要抓手。为尽快促成这一合作局面，中国应加速推动"一带一路"的多边化发展，借鉴亚投行的成功经验降低"一带一路"项目的投资风险，提升项目质量，化解国际社会对这一倡议的疑虑与误解。事实上，若能成立一个"一带一路"国际合作委员会，邀请包括印度在内的世界各国加入，将有效提升各国共建"一带一路"的参与度。

在贸易将各国紧紧捆绑的同时，人的流动也逐渐成为推动亚洲一体化的强劲驱动力。随着亚洲国家经济实力的普遍增强，区域内的跨境旅游与人才流动更加频繁。中印两国同为文明古国，有着丰富的旅游资源、教育资源和人才资源，在人文交流方面存在巨大提升空间。因此，在两国关系日益紧密的基础上，两国政府可在旅游产业、留学合作和签证政策等方面共同努力，通过建立更加密切的多种形式的人文交流互动，增进两国人民相互理解。

最后，中印两国还应在环境保护领域加深合作。作为世界上人口最多的两个国家，中印两国在全球环境治理方面的作用举足轻重。两国可以喜马拉雅地区的环境保护为基础，推动实现联合国2030年可持续发展目标。喜马拉雅地区既是中印边界，也是环境保护的重点地区。因此，中印两国应利用自身科技优势，深入发展在喜马拉雅区域的环境保护合作，并以此为合作窗口，进一步拓展在全球变暖、极地保护、生物多样性保护等气候环境领域的全方位合作，以亚洲为起点推动世界各国为促进人类可持续发展广泛合作。

此次"习莫会"无疑是对中印两国关系的再次提升，充分彰显了两国政府愿为塑造公平包容的全球化进程而共同努力的积极意愿。为此，中印两国更应面向未来，跨越障碍，发掘多领域合作潜力，推进亚洲一体化进程，重振国际多边合作。

（原载于《21世纪经济报道》，2019年10月22日，有改动）

# 中新合作助推亚太经贸一体化

近年来，中国与新加坡两国合作密切，在维护自由贸易和多边合作等领域达成共识。进入2019年，两国高层领导人多次会面，为中新两国共建"一带一路"，进一步加强经贸联系，推进亚太地区多边主义合作奠定了良好的基础。未来，中新合作将成为助推亚太经贸一体化的重要动力。

新加坡是中国与东盟国家贸易合作的重要窗口。新加坡人口只占东盟国家总人口的0.8%，但新加坡的进出口贸易量在东盟国家占比最大。2017年新加坡的出口总额占东盟国家出口总额的29%，进口总额则占25.4%。同年，中国与新加坡的贸易总量占中国与东盟十国贸易总量的19.3%。中新两国之间密切的经贸合作是连接中国与东盟的重要纽带，在此基础上扩大中新合作，将不断巩固中国与东盟的多边贸易合作，大力推动亚太地区经贸一体化进程。

随着两国经贸联系不断加强，中国和新加坡在支持多边主义发展，维护和完善国际自由贸易秩序等方面达成共识。新加坡作为最早支持中国提出"一带一路"倡议的国家之一，在"一带一路"建设过程中发挥了重要作用。日前，新加坡贸工部兼教育部高级政务部长徐芳达（Chee Hong Tat）来华演讲时表示，新加坡与中国签署的新中（重庆）战略性互联互通示范项目是两国在"一带一路"框架下的有效合作方式，有利于推动"一带一路"建设，维护和发展国际自由贸易体系。据统计，这一项目开展三年以来已累计签约合作项目 169 个，累计投资金额 263 亿美元，为"一带一路"陆海联动建设做出了重要贡献。

从确立与时俱进的全方位合作伙伴关系到升级更新自由贸易协定，中新两国在金融、贸易、国际事务处理等多个方面的经验互鉴和学习交流日益频繁和深入。中新两国对共同拓展第三方市场的愿望不仅为两国合作提供了更加广阔的空间，亦有助于带动亚太地区其他国家的经济增长，扩大亚太地区的国际多边合作。

未来，中新两国应进一步增进相互了解和信任，在关键国际问题上凝聚更多共识。政治互信是国家间进行经济合作的良好基础。近年来，中新两国高层领导人互访频繁，政治互信逐步加深，对中新两国企业保持稳定的合作关系具有重要意义。今后，中新两国政府应继续保持密切联系，为两国企业进行稳定的投资贸易合作释放更多积极信号。

中新两国应充分把握"一带一路"倡议这一巨大合作机遇，在投资、贸易、基础设施建设等领域发掘更多合作潜力。新加坡作为全球第二大财富管理中心和第三大金融市场中心，不仅能帮助中国的资金和贸易"走出去"，也可以帮助中国引进外资，为共建"一带一路"发挥建设性作用。同时，新加坡可以起到信誉中间人的作用，成为中国在"一带一路"沿线国家的便捷投资通道。这样，一方面可以使"一带一路"投资和基础设施建设项目更加顺利地实施，另一方面能够在更大层面上消除其他国家对"一带一路"的地缘政治疑虑，同时也体现"一带一路"倡议的多边性、开放性和透明度。

在国际多边合作方面，中新两国应进一步推动WTO改革，促进"区域全面经济伙伴协定"谈判尽快达成。WTO改革是中新两国应对逆全球化、民粹主义及贸易保护主义，减少其对两国经济带来的负面效应的有效方法。两国可通过亚太地区多边合作，联合更多国家在WTO改革方面凝聚共识，在WTO改革进程中形成一股亚太力量。同时，中新两国还可以在RCEP谈判方面联合发力，协调RCEP国家之间的利益平衡，进而以RCEP为抓手，维护亚太地区的自由贸易秩序。

新加坡在贸易投资领域拥有丰富的经验，中新两国应当在粤港澳大湾区、海南自贸港建设等方面加强经验交流，创造更多合作空间。目前，中新苏州工业园区和中新天津生态城项目等园区建设项目和中新广州知识城、新川创新科技园区、中新吉林食品区、中新南京生态岛等中新合作项目开展顺利，取得了显著成果。

中新两国还应重视彼此之间的人才交流，这不仅能够加深两国的互相理解，还可以为两国各领域合作带来更多人才资源储备。新加坡以其优质的教学资源吸引着众多中国留学生赴新留学，同时，其完善的移民法、开放的签证政策和良好的投资环境吸引着来自中国的优秀人才在新加坡工作和生活，相比之下，中国对新加坡留学生和人才的吸引程度较低。鉴于此，中国在继续鼓励学生前往新加坡学习时，更应重视吸引新加坡学生来华学习，通过制定更加开放的签证政策为新加坡人才来华工作创造便利条件，增进两国人才交流互通。

在逆全球化潮流中，发展国际多边合作和区域经贸一体化，是亚太国家应对世界经济挑战的有效途径。加强中新合作将扩大中国与东盟合作的窗口,以此为发力点,中国将为推动亚太经贸一体化做出更多贡献。

(原载于《北京青年报》,2019年6月23日,有改动)

# 推动中非合作升级　构建中非命运共同体

自新中国成立以来尤其是中国实行改革开放之后，中非合作不断加强，随着中国提出的"一带一路"倡议的稳步推进，中国与非洲的联系将更加紧密，中非间的贸易投资、基础设施建设、融资援助等各个领域合作将更为广泛。中非合作已经成为当今世界国际合作的成功典范。2018年9月初，中非合作论坛在北京举行了峰会，此次峰会使中非全面关系更为密切，中非合作进入了一个全新的阶段，中非命运共同体的事业再上一个台阶。

中非合作有着很多的优势，比如相同的历史遭遇、国家的发展阶段以及经济上的互补性。经过40多年的发展，目前中国在资金、技术、人才、设备等方面存在一定优势，可以很好地与非洲的自然资源、市场潜力、人口红利等有利条件相对接，从而形成中非合作互利共赢的全新局面。

中非在经贸领域的合作发展迅速。改革开放初期的1978年，中非贸易额仅有7.65亿美元。随着中国改革开放进程的推进，中非间的贸易额也迅速增加。到2017年，中非贸易额为1700亿美元，这一数据比2000年时增长了17倍。中国成为非洲很多国家的第一大贸易伙伴。双方2020年的目标设定为4000亿美元。

除了经贸方面，中非在其他领域的合作也形势大好：中国迄今已同24个非洲国家建有双边层面的全面战略伙伴或战略伙伴关系；中非双方人员往来每年近200万人次；现有2000多名中国维和人员部署在非洲5个联合国任务区，是安理会常任理事国中派出维和人员最多的国家；中国企业派驻非洲国家的人数已超过100万。

中国加强与非洲国家的合作，符合中国与非洲国家的利益。当前，中国面临中美贸易争端的外部压力，内部也面临改革深化、提高人民生活水平达成全面小康的目标。为更好应对这些挑战以实现既定目标，发挥中非合作潜力，提升中非合作水平，无疑是我们一个很好的选择方向。同时中非命运共同体的构建也将深远影响两方人民，让中非合作的典范再添新的见证。

要实现上述目标并非易事，中非合作的同时也面临很多挑战。如何更好地应对挑战，推动合作转型升级是我们双方必须面对的问题。从智库研究角度，我们认为可以从以下方面着手，来稳步推进新时期的中非关系。

第一，在现有合作基础上推进基础设施建设的模式创新。

中非经贸发展是中非合作的重要基础。中非合作是互利共赢的，不以牺牲一方利益来发展另一方。蒙内铁路等一批标志性基建项目成为中非在这一领域合作的见证。中国企业在非洲新签承包工程合同额765亿美元，完成营业额512亿美元。

但同时我们也看到，之前中国与非洲在基建方面的合作更多的是注重单一工程或者项目，没有把基础设施建设当作一个整体系统。比如修建一条铁路容易，但保证其有效运行并发挥其经济带动作用则需要各方面的配套系统。比如相关的水、电、通信、公路、港口、机场等配套设施，相关的工厂配套也要跟进。因此，中非基建合作要突破原有的点对点模式，向点线面结合模式转换。这也更有利于充分发挥基建的作用，从而更好地带动非洲当地的发展，中非双方都能从中受益。此外，在工程承包、融资、运营等基建的各个环节，中非双方可以一起来创新合作方式，比如引入新的BOT模式，或以国际开发和其他地区性银行结合的模式。以国际机构的模式，引入更多的国际利益相关方，做好风险的防控，突破原有的桎梏，实现中非在基础设施合作中的共赢发展。

第二，发起成立非洲基础设施投资银行。

非洲国家发展的主要困难之一就是缺乏资金的投入。尽管有世界银行、国际货币基金组织等国际机构以及中国、美国、欧盟等国家和地区每年向非洲国家捐助、投资，但这些资金仍远远不能满足非洲发展的需要。而且现有的国际金融治理机构如世界银行和国际货币基金组织，效率低下、借贷条件苛刻，广大非洲发展中国家对此较为失望。为了促进非洲国家的发展，尤其是非洲基础设施的建设，提高经济发展水平，可以借鉴亚投行的模式，发起成立非洲基础设施投资银行，创造出普惠性、商业化的投融资模式和金融管理模式。

非洲基础设施投资银行可以由中国发起，以中非国家为主体，联合国际机构和其他在非洲的国际利益相关方共同成立。此外，非洲基础设施投资银行还可以为未来非洲其他领域的投资银行提供借鉴意义，如非洲金融类银行、非洲工业企业类银行等。同时，非洲基础设施投资银行还可以为在非洲的中国企业"走出去"等方面提供金融支持，扩大同非洲的人民币结算和本币互换业务的规模。

第三，加快中非自贸区的建设。

中国目前面临中美贸易争端的巨大压力。近期，日本与欧盟、美欧之间都达成了"零关税"贸易初步协议。中国可能就在贸易上面临着被孤立的不利局面。为此，中国应与世界其他的地区和国家加强贸易往来，非洲这个合作伙伴就有着巨大的潜力，可以充分挖掘。未来，成立中非自贸区，既可以避免关税壁垒对中国企业的影响，也可以促进当地经济的发展。

中非自贸区建设也并非朝夕之间便可完成，可以首先考虑与部分国家先签订双边投资协定，并在此基础上深化合作，形成范式，逐步形成中非之间的自贸区。

第四，深化中非"一带一路"倡议，助推"非洲制造"和"非洲服务"。

目前，已有超过 34 个国家和国际组织与中国签署了关于"一带一路"的协议，超过 70 个国家公开支持并愿意加入"一带一路"建设，这其中包括很多非洲国家。

"一带一路"未来将吸引更多非洲国家加入，进一步深化合作。同时，"一带一路"倡议与非洲国家的发展战略对接时，尤其要注重非洲国家的差异化，要根据不同国家的特色与优势因地制宜制定对接方案。

在"一带一路"倡议的推动下，更多的中国企业走向非洲，可以助推"非洲制造"模式和"非洲服务"模式创新。比如：华坚集团在埃塞俄比亚造鞋厂提供了 6000 多个职位，占了埃塞俄比亚鞋业出口的 50% 以上；四达时代集团在非洲几十个国家开展业务，有数千万的客户，数字电视发展非常好。非洲国家存在着巨大的潜力，未来的非洲可以成为"世界工厂"，这是中国企业尤其是中国服务业的巨大机会。中国企业可以很好地总结这些企业与当地的合作模式，进而在其他地区推广利用。

第五，加强中非民营企业的合作。

中国民营企业在非洲有巨大的空间。其中，境外合作园区是中国在非洲实现产业结构调整和全球产业布局的平台。目前中国在非洲的工业园主要是以企业为主，比如埃塞俄比亚的东方工业园等。中非民营企业未来可以以工业园为平台加强合作，拉动当地企业发展工业园区，将单一工业园向整个工业体系、工业园区发展。

目前中国在非洲的企业大多以加工贸易为主，在制鞋、纺织、服装、箱包、小五金等层面开展合作。未来，中国在非洲的合作要向高科技发展。

在这一基础上，中国应为中非企业搭好政策环境的平台，建立更多的双边、多边的机制，帮助、引领中国民营企业走进非洲。同时政府也要做好指导，尤其要发挥行业协会的作用，鼓励各个协会为在非企业服务，同时对破坏中国企业形象、无视行业规范的中国企业及时管理惩治，维护并提升中国产品在非消费者心目中的形象。

第六，加强与在非的国际机构、跨国公司等机构合作，降低风险，提升效率。

中国企业到海外投资的兴趣很高，但国际化水平普遍较低，缺乏海外经营管理经验和相关的人才，对非洲缺乏应有的了解，走不出去、不敢出去、不知道怎么出去等问题都很突出。而一些在非的国际机构、跨国公司在非开展合作多年，积累了丰富的对非合作经验。中国应加强与这些机构组织的合作，共同促进非洲的发展。

中国可以加强与非洲发展银行、世界银行、国际货币基金组织、欧洲复兴银行及联合国下属机构在非洲的合作，有效利用其在当地积累的资源，更好地推进中非合作，降低一些潜在风险，避免再走一些弯路。

同时，欧美国家也有很多跨国公司在非洲有非常悠久的经营历史。一些跨国公司在英联邦或法属非洲国家有多年的投资历史。为此，中国企业与跨国公司在非洲的合作，有助于中国企业在非洲站稳脚跟，掌握当地的国家政策，熟悉当地的市场情况，尊重当地的风土人情。另外，在非洲的合作可以体现中国包容开放的全球化理念，同时借鉴他们的经验，有助于中国企业参与全球化的进程。

第七，注重在农业、医疗、环境保护方面的中非合作。

过去一段时间，中非合作包括一些援助可能更注重一些硬件领域，缺乏对非洲人民日常生活方面的关注。虽然体育馆、车站等标志性建筑也是非洲当地所缺乏的，但粮食、社区自来水厂、医疗药品、环境保护设施等普通民众更为需要的产品也需要加强。

比如在粮食生产方面，中国要分享粮食增收的经验，帮助提高非洲国家的农业生产水平。中国可以与国际机构一道，帮助建设非洲的农业示范区，在育种、农田管理、农业设施现代化等方面给予更多的资金和技术支持，促进非洲农业自给自足，解决温饱问题，进而对全球的农业做出贡献。

第八，加强双边人才交流，创办中非合作教育机构。

人才是第一资源，也是非洲能否发展起来的关键。中国可以与非洲国家加强人才领域合作，创办中非合作教育机构，或中非"一带一路"大学，促进培养非洲人才。中国新设100亿美元中非产能合作基金，并向非洲国家提供15万人次的专业技术人才培训，助力非洲国家开启工业化进程，实现经济转型，这在很大程度上将促进非洲人才的快速成长。

中国可以帮助非洲开展人才方面的培训，建立符合当地发展水平的各类教育机构。注重职业教育与通识教育相结合，可以利用中非教育机构联合办学的形式，为非洲发展培养急需人才。

同时，设立留学非洲计划，鼓励更多中国学生赴非留学。中国2017年出国留学60多万人，主要前往欧美，赴非留学者寥寥无几，因此中国政府可以以提供奖学金的形式鼓励更多中国学生留学非洲，培养出一批对非洲了解的中方人才，从而支撑中国的对非政策制定以及中非未来的合作。

第九，以智库合作引领，强化中非双向交流。

在当前国际形势深刻调整的背景下，各方围绕国际话语权的争夺更趋激烈，中非关系发展面临更加复杂的舆论环境。中非之间加强交流，需要加强在外交和商务方面的探讨，以中非合作提高全球治理水平，丰富全球治理变革的实践经验。

一些西方媒体对中非合作的报道不客观，甚至出现了蓄意抹黑的情况，使得很多非洲民众对中非合作产生误解。在中国国内，很多人对国家的非洲政策存在一些误解。如社交媒体上经常出现"广州有50万的黑人"等谣传并借此宣扬种族主义观点，但实际上，据广州市公安局2017年的统计数据，仅有1.3万非洲人在广州生活。这些都说明中非之间的民间交流亟须加强。

这就需要加强中非在诸如媒体、智库等领域的交流，加强双边理解，共同提升中非话语权，避免一些不实报道和不实言论对中非关系产生负面影响，为中非合作的大局打下良好的舆论和民众基础。

我们看到中非合作具有巨大的潜力，同时中非合作也面临着不少挑战。西方媒体极力鼓吹的新殖民主义论调、非洲政权更迭带来的政治和经济风险、非洲现实的治安状况差等，这些都会对中非未来合作产生不利影响。

但只要我们坚信中非合作互利共赢的前景，不断改革创新中非合作模式，提升合作水平和效率，借助"一带一路"倡议的东风，中非合作将会继续成为国际合作的典范，而这也是我们构建中非命运共同体的应有之义。

（原载于"FT中文网"，2018年9月7日，有改动）

# 世界需以新的眼光看待中国的努力

近日，香港国安法公布施行。这部法律将严惩极少数严重危害国家安全的犯罪分子，进而充分保护香港居民和在港外国投资者的生命财产安全与合法权益，维护香港的繁荣稳定。然而美国却宣布撤销香港的特殊地位，试图制裁香港。此前包括法英德在内的 27 国也在联合国人权理事会发表涉港联合声明。

这些国家对香港国安法之所以反应激烈，根本上源于对中国的误解。事实上，尽管中国正在崛起，但从来无意于成为世界"霸主"，反而为推动人类可持续发展做出巨大贡献。世界需以新的眼光看待中国的努力。

## "东西"应和而不同

西方社会宣扬西方式的民主是"历史的终结"，认为中国经济发展起来后应该改变其政治制度，与西方趋同，否则便是"另类"。然而君子美美与共，和而不同，中国体制的优势也在为全人类的和平与繁荣添砖加瓦。

与西方选举制度相比，中国的政体使国家大政方针更具连续性和灵活性。"五年计划"的实施让中国经济发展更有效率。目前，中国已经建有450万个4G基站，而美国仅有40多万个。此外，中国工信部表示，当前中国每周还在增加1万多个5G基站。

中国在抗击新冠肺炎疫情的过程中也充分彰显了其独特优势，包括中央政府总体部署联防联控、政民配合政策执行效率高、互联网技术在抗疫和维持经济运行的创新运用等，使得防疫抗疫工作迅速且有序地展开。基辛格也认为，应对全球性危机，政府干预是必要的。中国是世界新冠肺炎死亡率最低的国家之一，也是最早全面复工复产的国家之一。

中国实行以公有制为主体，多种所有制经济共同发展的基本经济制度，市场在资源配置中起决定性作用，政府宏观调控为辅。习近平主席在2020年全国政协经济界联组会上也再次强调，回到计划经济的老路上去是不可行的，要发挥市场的决定性作用和政府的作用，这是一个止于至善的过程。

中国致力于维护全球开放合作环境，维护多边贸易体制机制。不论是对世界GDP净增长的大力贡献，还是"一带一路"、上经合、亚投行等合作机制都显示出中国是世界经济的重要组成部分和驱动者。当中国大力呼吁促进贸易自由和互利共赢，美国却设置关税壁垒、反全球化、用国家力量干涉商业，那些宣称中国经济不够开放、政治环境不够稳定的声音不攻自破。

因此，世界应该用发展的眼光看待中国，肯定中国对本国民生、国际社会和多边主义的贡献，用全新的视角理解中国做出的努力和赢得的成就；同时，认识到中国和西方社会意识形态上的区别是自然的、无伤大雅的，放弃传统的"敌我"二元对立。

## 中美"脱钩"的可能性

尽管美国总统特朗普近期持续向中国施压,但中国的态度一直非常明确,对中美关系仍然报以积极的姿态。笔者认为,从目前形势来看,未来中美关系的走向有三种情况。

第一,中美斗而不破,中美企业相互依存的关系依然存在。美国企业应该是中美友好关系最大的受益者,现有的商业合作非常密集。目前苹果公司90%以上的供应链都来自中国,通用汽车在中国的销售额比在美国的还高,波音三分之一的民用飞机都卖给了中国,中国是美国芯片公司的最大买家……中国是有着14亿人口的巨大市场,在全球价值链中的地位不断升级,中国的开放对美方企业具有极大的吸引力,中美企业间密集的市场关系减弱了中美"脱钩"的可能。

第二,中美关系可能会在5G技术等标志性的科技领域发生部分"脱钩"。在这种情况下,中美两国都会受到一定的负面影响。

第三,中美彻底"脱钩",并形成两个阵营。在这种情况下,美、欧、日、澳大利亚、加拿大可能会形成自由贸易包围圈,但中国仍可以争取欧盟和日韩,争取加入CPTPP。东盟国家会成为中国最大贸易合作伙伴、亚洲经济会成为世界最大的贸易区,包括非洲国家、"一带一路"国家等会加强与中国的合作。目前,中国已经是世界130多个国家和地区的最大贸易伙伴。如果不幸世界不得不被分割成中国和美国带领的两个阵营,将对世界造成大量的损失,包括大量无用功、资源浪费,成倍资源投入等。

目前,美国在全世界的影响力确实有所下降,在很多方面丧失了主导地位。这同时也迫使中国不断去创新、推广跨境人民币结算以及发展科技。中国越开放就越安全，李克强总理在今年的政府工作报告中强调了深化开放，中国政府也对中美贸易第一阶段协定的共同落实抱有信心和期望。

## 中国是世界的机遇

中国为世界 GDP 增长的贡献率连续几年超过 30%；中国是联合国常规预算与维和预算第二大出资国；中国帮助 8 亿人脱离极端贫困，占全球脱贫人口的 70%；根据最新的中国《海南自由贸易港建设总体方案》，在 2025 年封关运作前，海南自由贸易港建设将实行部分进口商品零关税政策，中国开放的步伐越迈越大。

改革开放以来有 7 万多家美国企业在中国运作，据商务部统计，仅在 2018 年美国在华投资企业销售额就达 7000 亿美元。此外，埃克森美孚公司将在广东省惠州市投资 100 亿美元以兴建新的项目；沃尔玛将在中国开 500 家新店；博派斯（Popeyes）计划未来十年在中国大陆开 1500 家门店；特斯拉汽车要在中国开拓新市场；霍尼韦尔在武汉启动新兴市场中国总部及其创新中心……事实胜于雄辩，这些活动都说明了中国市场对美国企业有持续的吸引力。然而，这些积极的因素并没有很好地被国际社会所熟知。如果商业界用合理的叙事方式向世界传达他们对中美关系的信心，这对解决冲突大有裨益。

尽管中国不会成为西方的"一员"，但中国对世界发挥了正面积极作用，为世界的繁荣做出了贡献，成为世界经济发展的重要引擎。作为世界第二大经济体，中国也在国际事务中发挥着公平和积极的作用。中国是世界的机遇而不是威胁，中国的发展和在国际社会的参与应该被积极地看待，而不是消极或恶意地误读。

（本文根据 2020 年 6 月 5 日笔者在中国美国商会 2020 年政府事务年会上的发言整理）

辑六

全球化：
如何走向包容与可持续发展

# 改革开放新阶段与全球治理新格局

## 改革开放搭上全球化蓬勃期的快车

2018年是中国改革开放40周年，40年前的1978年，中共十一届三中全会决定把全党的工作中心转移到"发展生产力"上来，改革开放成为基本国策。此后，中国"摸着石头过河"，分几步走，逐渐融入世界经济体系。

中国曾经是全球化的"鼻祖"，英国著名历史学家、牛津大学高级研究员彼得·弗兰科潘（Peter Frankopan）在其著作《丝绸之路：一部全新的世界史》中便指出："我们通常把全球化看作当代社会独有的现象，但早在2000年前，全球化已经是事实，它提供着机遇，带来了问题，也推动着技术的进步。"他所指的那场2000年前的全球化，正是源自古代中国的"丝绸之路"。而自明清以后，中国因相对保守而错过了世界经济的新浪潮，未能主动参与全球化，也在全球经济竞争中败下阵来。

改革开放是新中国重新打开国门，从被动回应到主动参与全球化，以开放的姿态重回世界经济之林的重大转折。

在和平与发展的大环境下，通过改革开放积极参与全球化，中国迎来实现跨越式发展的重要机遇。40年来，中国积极参与全球贸易，扎扎实实推进经济建设，综合国力及人民生活水平都得到显著提升，改革开放的历史成就不言自明。

1978年，中国对外贸易的出口总额为97.5亿美元，2015年时则是2.27万亿美元，为前者的近233倍。另据世界银行统计，仅1992年到2016年的25年间，中国名义GDP按不变价格计，年均增长9.6%，扩大了9倍多，2016年达到11.2万亿美元，稳居世界第二位。同年，中国对世界经济增长的贡献率达到33.2%，居世界第一位。

中国能够取得举世瞩目的经济成就，除了国家在关键时期推动改革开放的远见和魄力之外，也和全球化的历史进程息息相关。1978年起步的改革开放，恰恰接上了全球化历史上最蓬勃发展的阶段。自20世纪70年代以来，正是经济全球化的蓬勃发展阶段，也是全球经济增长最快的时段。

改革开放的重大决定，可谓把握了时代的脉搏，准确地抓住全球化的历史机遇，将中国的发展与世界联系起来，让中国搭上世界经济景气的快车，也以最大的发展中国家之姿态，不断为世界经济提供新动能。

## 中美建交40年与全球治理1.0

改革开放是中国这40年来最重要的国策之一，而中美建交，则堪称40年来改变世界格局的重大国际关系事件。

改革开放的"总设计师"邓小平在1979年初访问美国，为新时期的中美关系打开新局面，也进一步向世界展示了中国开放的诚意。其后约40年间，中美关系虽然并非一帆风顺，但中美作为世界上最大的发展中国家和最大的发达国家，相互之间始终存在庞大的共同利益。中美关系正常化之后，从经贸领域起步，在长期的接触与合作中，双方几代领导人通过求同存异，推动双边关系稳步向前，并在不断深化的双边贸易关系中建立了互信基础，也共同促进了两国及全球经济的繁荣。

2007年，为强调中美经济关系联系的紧密性，标志中美已走入共生时代，美国哈佛大学著名经济史学教授尼尔·弗格森（Niall Ferguson）和柏林自由大学石里克教授共同创造了"中美国"（Chimerica）一词，引起很大反响。

而在北京纪念中美建交30周年活动的一次会议上，长期担任美国总统智囊的著名地缘政治战略家布热津斯基（Zbigniew Brzezinski）强调说，中美之间建设性的相互依存是全球政治和经济稳定的重要根源。他还表示："美中之间的关系必须真正是一种与美欧、美日关系类似的全面的全球伙伴关系。"几乎与此同时，在中美关系史上有着特殊地位的美前国务卿基辛格也发表了类似的观点，他主张，美中两国应建立一种"命运共同体"结构，将两国关系提升到类似"二战"后大西洋两岸关系的高度。

的确，中美之间的合作曾给中美两国人民都带来了非常大的好处。过去，在中美关系平稳前行的局面下，中国积极参与美国在战后主导建立的国际秩序，并与世界各国携手，在全球治理体系中逐渐发挥作用。其中，作为"五常"之一，中国积极为以联合国为核心的全球治理体系贡献新力量，对国际事务的话语权也随着国力的增强而与日俱增。而中国加入WTO，与世界银行、IMF等重要国际组织的广泛合作，不仅助推全球化，也通过引进各种新机制、新制度与国际接轨，进一步深化了改革开放。

其中，加入世贸组织是中国接入世界经济体系的里程碑，中国自加入WTO以来，不仅大幅降低关税、削减贸易壁垒、全面放开外贸经营权，还在不同领域逐渐减少限制措施，不断提升对外开放程度。中国积极按照入世承诺，履行在多边贸易体制框架下的义务，充分展示了负责任发展中大国的良好守信形象。

这些努力也使中国形成了以开放促改革、以改革促发展的局面，促进了中国经济体制改革进程和市场经济的进一步完善。中国入世后更注重学习运用国际市场规则，商业环境更加开放，企业竞争意识进一步加强，市场意识、法治精神和知识产权的理念逐渐深入人心。此外，入世使得中国由单向型的招商引资转变为双向型的对外开放，在"引进来"卓有成效之后，中国企业"走出去"的步伐也更加坚定。

与世界银行的合作对中国的经济发展也有重要意义。在中国与世界银行合作30周年纪念座谈会上，时任国务院副总理李克强充分肯定中国与世行30年来的合作成果，高度赞赏世行为全球减贫与发展所做的努力。他指出，中国愿继续支持世行发挥作用，为世界发展进步与繁荣做出新贡献。据悉，在长达30年的合作中，中国获得世行贷款和投资承诺超过500亿美元。这些资金支持了500多个项目的建设，覆盖中国几乎所有省、自治区、直辖市，产生了良好的经济效益和社会效益。

可以说，在刚刚过去的上一个40年，中国通过改革开放和稳住中美关系这组最重要的国际关系，顺利地参与到世界经济及全球治理体系中。因此一方面实现了自身经济的大翻身，另一方面也以"负责任大国"的姿态，和美国一起巩固了第一代全球治理体系，成为世界和平与繁荣的稳定器。

## 全球治理 2.0 与中国的下一个 40 年

在改革开放和中美建交 40 周年之际，全球化和中美关系的背景和内涵也已发生了一定的改变。曾经作为多边主义旗手及全球治理体系主导者的美国，在特朗普的"美国优先"政策之下，出现重大政策变化，而这一战略转向对全球化、中美关系都造成了明显的冲击。

与过去几届美国政府相比，"反建制"的特朗普转向单边主义，不仅对既有的全球治理体系兴致平平，还挥舞贸易保护主义大棒，接连与世界主要贸易大国挑起贸易争端，伤及世界贸易体系，助长逆全球化浪潮。

而美国近年来对中国也出现了明显的态度改变及政策调整，中美关系进入调整期，面临一定的挑战。近期牵动全球市场，一波三折的中美贸易争端正是在这种背景下发生。

这种全球性变局使得关于中美潜在冲突和全球治理体系崩坏的担忧成为热门话题，哈佛大学格拉汉姆·艾利森（Graham Allison）教授提出"修昔底德陷阱"，警示中美滑入战争的危险，"软实力之父"约瑟夫·奈教授则认为"金德伯格陷阱"更值得注意，怀疑中国是否能够填补美国留下的全球治理空白。

如何应对这些新的全球性挑战，不仅事关中国进一步改革开放的前景，也牵动着世界经济及全球治理体系的未来。

美国白宫资深智囊、对外关系委员会主席理查德·哈斯（Richard Haass）在其著作《失序时代》（*A World in Disarray*）中主张建立一个更新的全球操作系统——世界秩序2.0。他认为，美国在全球的主导地位已经开始下降，"霸权""主导""超级大国"等词语日渐式微，因为任何一个国家都无法独立应对全球性挑战。因此，哈斯希望各国能够共同协作来建立一个世界新秩序。

的确，全球化发展至今，任何一个国家都无法独立应对全球性挑战，而哈斯所提出的"世界秩序2.0"已经初见端倪：从TPP、RCEP、G20，到中国提出的"一带一路"、亚投行、金砖国家机制等，以布雷顿森林体系为根基的全球治理体系1.0正在出现朝向全球治理体系2.0的升级换代趋势。

在这一轮全球治理体系升级中，中国应该也能够进一步扮演好参与者、维护者和改革者的角色。台湾大学朱云汉教授即指出，中国没有动机颠覆现有的国际秩序，而在西方国家主导的全球秩序以及维护全球治理机制的意愿与能力明显弱化的同时，过去欧美领导角色的真空将很有可能由以中国为首的大型新兴市场国家填补。在朱教授看来，中国和大型新兴市场国家也发展到了这样一个阶段，开始意识到自己必须扛起承担全球治理责任的角色，也正在为新一轮全球化注入动力。

面对当前复杂的国际局势，中国也不断向世界表明对外开放、维护全球化的决心。习近平主席在2018年的博鳌亚洲论坛上讲道："综合研判世界发展大势，经济全球化是不可逆转的时代潮流。正是基于这样的判断，我在中共十九大报告中强调，中国坚持对外开放的基本国策，坚持打开国门搞建设。我要明确告诉大家，中国开放的大门不会关闭，只会越开越大！"

为了更好地延续改革开放的积极局面，并在全球治理体系的维护和革新中发挥作用，中国可以从以下几方面着手：

首先，在全球化遭遇逆流的困难局面下，对现有这套国际多边机制的尊重和维护是中国参与全球治理的首要之义。中国应该积极维护以联合国为核心的既有全球治理体系，在经济层面，维护以WTO为核心的全球多边贸易体制，以及世界银行、国际货币基金组织等全球经济治理机制。40年来，中国本身就是既有世界经济体系的最大受益者之一，而现在，中国能够以自己的能力和方案，反哺全球化和世界。

其次，对于全球治理体系2.0时代出现的新机制，中国应该积极参与和推动。对于以TPP、跨大西洋贸易与投资伙伴关系协定（TTIP）、RCEP等为代表的各类区域自贸协定谈判，只要不违反WTO的基本原则，应当以包容的态度，鼓励并乐见其成。尤其对于TPP这个战略意义重大的协定，中国应该积极参与、争取加入，寻求对美贸易战略主动，并进一步展示中国持续对外开放，促进世界共同繁荣的决心。

同时，中国还可以推动CPTPP和RCEP的整合，促成涵盖范围更广、经济体量更大的亚太自贸区（FTAAP）的形成。目前，由日、加、澳等国牵头的CPTPP已经完成签约，美国重回TPP的呼声也此起彼伏。TPP和RCEP，两个区域自贸安排既存在竞争，又具有一定互补性，而两边的谈判都在近年加速，使得二者存在相互融合的潜力。而若能整合TPP和RCEP，建成完整、统一的FTAAP，将通过中美两大经济体的合作升级，为亚太及全球经济释放巨大红利。在中国寻求经济结构转型和新一届美国政府重新布局经济战略的历史性时期，中美共同推动的FTAAP符合两国经济、战略利益，也有助于经济全球化的复兴与深化。

再者，中国应该有自己的一套循序渐进的全球化路线。具体来说，中国第一步可以发挥全球华人华侨的力量，凝聚"中华民族共同体"。在此基础上，结合源远流长的"儒家文化圈"和重获新机的"亚洲价值观"，中国可积极推动"亚洲共同体"建设，进一步深化现有的亚洲经济一体化基础，让亚洲各国的合作迈向新台阶。而在"中华民族共同体"和"亚洲共同体"逐步成熟之后，"人类命运共同体"建设就获得了扎实的地基和可观的动能。

此外，包括"一带一路""人类命运共同体"在内，中国提出的全球性倡议，应该强调对美国、世界的开放姿态。在积极参与全球治理，提出新倡议、新机制的同时，始终摆出与美国等大国，以及与全球分享、分担、共治的姿态，谨防落入新的话语陷阱，在国际上造成新的误解。

一方面，中国应该开发更多可与美国优势互补而非对抗的部分，开发中美两个大国之间对话与合作的新机制，这也符合建立"中美新型大国关系"的大方向。另一方面，中国应该强调对全球治理责任的"分担""担当"以及与世界各国"共治"的概念，将这些概念精神融入已提出的"一带一路"倡议、"人类命运共同体"构想中，并基于这些概念，发起建立一些助力全球治理的国际组织。

例如，中国可发起建立国际电商联盟、国际网络空间联盟、国际人才组织和国际智库联盟等新一批国际组织，电商、网络、人才、智库等新兴概念，既是中美各有优势、具备共同利益的关键领域，也是全球化的新潮流，在这些领域提出新倡议，对全球治理机制创新有积极意义。

结合以上几点，对现有体系的维护能够避免西方对中国有意颠覆世界秩序的猜忌，扩大与美国的合作，也有利于打消美国对"中国威胁"的疑虑,共同突破"修昔底德陷阱"。而助力全球治理体系的革新和升级,正是中国通过为世界提供更多公共产品,对"金德伯格陷阱"的有力回应。

目前,改革开放进入新阶段,中国应该在种种挑战的背后,清晰认识到当前国际环境背后的又一次历史机遇,谋求自身发展战略与全球治理 2.0 升级的蓝图和谐统一,走好下一个 40 年。

(原载于《参考消息》,2018 年 6 月 6 日,有改动)

# 推进全球治理创新发展刻不容缓

2020年全国两会落下帷幕，两会发出的开放信号愈发强烈。"面对外部环境变化，要坚定不移扩大对外开放，稳定产业链供应链，以开放促改革促发展"，《政府工作报告》中的这句话，显示了中国进一步推动高质量开放的决心。面对新冠肺炎疫情带来的各种危机，开放不仅对加速中国自身经济恢复具有重要意义，更有利于推动构建更加包容和公平的新型全球化。

新冠肺炎疫情暴发前，全球危机的一些迹象和表现已经出现。进入21世纪后，从多哈回合谈判的失败到2008年全球金融危机的爆发，到难民危机的发酵，再到全球气候和环境危机的日益严峻，频发的全球危机引发了各国对全球化的质疑与动摇。我们看到对全球化的不满已经从发展中国家扩散到发达国家，逆全球化的浪潮一阵阵袭来。特朗普当选美国总统、英国"脱欧"、法国"黄马甲"运动至今都未能平息……民粹的声音在各国越来越强烈，而贸易保护主义也在增强。

新冠肺炎疫情像一把火，把这些存在已久的全球危机因素再次点燃。但必须看到，真正出现问题的并不是全球化本身，而是推动全球化发展的规则。正如诺贝尔经济学奖得主约瑟夫·E.斯蒂格利茨所说，全球化本身不是目的，而是达到提高各国人民生活水平这一目的的手段。而由于结构性不平衡，现行全球化规则不仅没有更好地推动人类社会靠近这一目的，反而拉大了不同国家和不同社会阶层之间的财富差距，激化了矛盾与冲突。如何创新全球化规则，通过更优的全球治理更好地服务于人类社会发展，是各国亟待解决的问题。

从2001年加入世界贸易组织开始，中国进入了高速全球化发展的阶段。在近20年的发展历程中，中国已经从全球化的参与者逐渐转变为反哺全球化的重要力量。2008年全球金融危机出现后，中国与其他国家开展了积极合作，为全球经济复苏做出了重要贡献。通过提出"一带一路"倡议和构建"人类命运共同体"价值观等全球治理方案，中国为世界经济发展注入了更多动能。而当全球疫情出现后，中国再一次展现出大国担当，为疫情中的各国送去抗疫物资并分享中国的抗疫经验。

进入全球疫情发展的后半程，疫情带来的全球经济危机已经超越了疫情本身，保护主义和民粹主义等逆全球化思潮的抬头将为全球化发展和多边主义合作设置更多障碍。面对后疫情时代全球格局的变化，中国不会向困难低头，而将从长远出发选择合作，以更加开放的姿态推动全球化发展。

中国推动高质量开放，首先从开放本国市场做起。全国两会期间，习近平总书记专程看望参加全国政协十三届三次会议的经济界委员并参加联组会。习近平总书记在联组会的讲话中明确指出，我们要以"开放、合作、共赢胸怀谋划发展"，而政府工作报告也提出了未来将进一步缩减外资准入负面清单，并加强自贸区建设的发展目标。在推动高质量开放的过程中，中国应持续优化营商环境，落实《外商投资法》条款，保护外商正当权益。中国拥有巨大的消费市场，走向开放有利于实现市场的充分竞争，激发消费潜力。这不仅将加速中国经济恢复，更将为世界发出"中国红利"。

其次，积极推动亚洲区域一体化建设。后疫情时代，各国出于对维护本国产业安全的考虑，一种"有限全球化"的发展趋势或将更加明显。在这种"有限全球化"中，区域合作将成为国家间合作的重要趋势。中国应立足于亚洲，更加积极参与亚洲区域一体化发展。国务院总理李克强在回答日本记者关于中国是否打算参加跨太平洋伙伴关系协定的问题时回答，中国对加入全面与进步跨太平洋伙伴关系协定，持积极开放的态度。同时李克强总理还表示，中国希望区域全面经济伙伴关系协定可以在今年如期签署，并积极推进中日韩自由贸易协定（FTA）的建设，在大循环中建立中日韩小循环。这些表态意味着，中国将顺势通过区域合作支持多边主义，为推动亚洲区域一体化贡献更多力量。

再次，在构建一个更加包容和公平的新型全球化过程中，继续探索构建有利于加强中美欧合作的平衡模式，共同创新全球治理。欧盟既是美国的盟友，也是中国的重要合作伙伴，与中美两国都有着共同利益。如果未来欧洲能在中美之间发挥更多平衡作用，形成中美欧协调合作的局面，全球治理创新将会被注入更大的驱动力。如在WTO改革中，中美欧三方可积极展开三边对话交流，探讨WTO改革的可行方案，推进改革取得实质性成果。作为WTO中具有重要影响力的三大成员，中美欧之间的合作将号召更多成员方响应，维护国际自由贸易秩序。

在现行全球化机制不足以实现人类可持续发展目标的背景下，

推进全球治理创新发展已刻不容缓。作为全球化的受益者和支持者，中国将以更加开放的态度参与全球化进程，为全球治理创新做出更积极的贡献。

（原载于《北京青年报》，2020年5月31日，有改动）

# 中国是完善全球治理的重要力量

随着新兴市场国家的发展，世界秩序正发生着深刻的变化，特别是随着中国改革开放以来经济的腾飞和国际地位的变化，中国引起了世界更多的关注，日益成为西方国家讨论的热点话题。

在国际形势变化的关键时刻，发出中国声音，加强与世界交流尤为重要。日前，笔者受邀赴加拿大多伦多参加芒克辩论会，围绕"中国在世界秩序中的角色"这一话题，与新加坡国立大学李光耀公共政策学院院长马凯硕（Kishore Mahbubani）、美国陆军上将麦克马斯特和美国国防部长办公室政策研究室高级顾问白邦瑞展开讨论。此次参会让笔者深切感受到，当此国际形势深刻变化之际，中国加强与世界交流，解答西方国家对中国的疑问，减少国际社会对中国的误解，增进各国对中国的理解十分重要。

对于中国等新兴国家的崛起，国际社会有不同的看法，一些西方国家对中国快速发展充满担忧，"中国威胁论"等极端言论层出不穷。但事实证明，中国的发展和崛起有利于世界的和平与繁荣，能够推动国际秩序朝着和平稳定的方向发展。2019年是新中国成立70周年，也是中国进入深化改革开放第二个40年的奠基之年。新中国自成立以来，特别是改革开放和加入WTO之后，中国为国际社会和国际治理做出了重要的贡献。

改革开放40余年来，中国经济增长率年均为9.5%，现在中国占全世界经济比重达16%。据国际货币基金组织测算，2018年中国经济为世界经济增长贡献了30%的增量。

中国实施积极有效的扶贫政策，为联合国2030年可持续发展目标的实现做出了重大贡献。1978年末至2017年末，中国贫困人口数量从7.7亿人下降至3046万人，累计减贫约7.4亿人，对全球减贫的贡献率超过七成。中国采取的减贫模式和精准扶贫政策，为世界扶贫减贫提供了经验借鉴，对世界扶贫事业发展具有重要意义。

中国是联合国维和行动的第二大参与国，被联合国誉为"维和行动的关键因素和关键力量"。此外，中国积极参与《巴黎协定》，中国政府发表《中国的北极政策》等，都展现了中国积极参加国际多边合作和参与全球治理的积极态度，彰显了中国与世界各国共同应对人类生存与发展挑战的责任感、使命感。

中国提出设立亚洲基础设施投资银行、共建"一带一路"倡议、构建人类命运共同体等多种全球治理方案，推动全球治理体系发展。目前亚投行已有95个成员，得到了国际社会的高度认可。今年4月在北京举办的第二届"一带一路"国际高峰论坛上，共有40个国家和国际组织的领导人出席圆桌峰会，汇集世界智慧，推进互联互通，达成广泛共识，取得了一系列重大成果。

目前，随着贸易保护主义和民粹主义的加强，逆全球化现象愈演愈烈，多边主义受到威胁，全球治理面临更多严峻的挑战。随着服务行业和数字经济的发展，现有的世界贸易组织运行机制已无法像过去那样为自由贸易发挥积极作用，如争端解决机制的缺陷，已成为阻碍国际自由贸易的主要因素之一。WTO现代化改革，是世界各国面临的紧迫任务。

世界各国对联合国、世界银行、国际货币基金组织等国际机制改革的要求也日益强烈。这些机制曾为维护世界和平发展与经济繁荣做出重要贡献，但它们在机构设置和功能运作方面存在的缺陷，使得各国难以合作共同应对各种新型威胁和挑战，不利于维护多边合作和未来世界和平。

为应对全球治理面临的挑战，推动多边合作发展，需要国际社会以和平发展的方向为指引，倡导合作共赢精神。各国之间以更加包容的心态，积极沟通，求同存异，接受国际社会多元化和多样性发展。中国作为国际社会中的重要成员，一直以强烈的责任意识，为改进和完善全球治理做出更多积极贡献。

中国继续推动"一带一路"倡议落地实施，促进"一带一路"多边合作。可以通过成立"一带一路"国际合作委员会，促成更广泛的多边合作，包括与美国、日本等国家合作，加强与欧盟和其他亚洲国家的合作，将"一带一路"概念更加清晰化，不断完善"一带一路"合作机制，让"一带一路"合作框架成为现有全球治理体系的重要部分。

中国民间力量应积极在国际场合发声。企业是中国全球化进程的重要参与者和推动者，智库不仅是政策制定的重要影响力量，也是国家间交流的重要窗口，企业和智库在国际场合发声，通过友好沟通向世界讲述中国故事，有助消解国际社会对中国的"傲慢与偏见"。

最后，构建人类命运共同体是中国为推进全球治理发展提出的重要理念，因此中国在参与全球治理的过程中，应不断细化人类命运共同体的概念，丰富其内涵，始终坚持共商共建共享的精神，加强与世界其他国家合作，完善和推广这一理念，为世界和平发展做出更多贡献。

中国是推动国际秩序不断发展和完善的积极力量，中国积极参与全球治理，与各国共同应对全球化新阶段产生的各项挑战，为世界的和平与繁荣贡献中国力量。

（原载于《北京青年报》，2019年5月12日，有改动）

# 以基础设施新动能促进全球治理新发展

由"一带一路"智库合作联盟与重庆市人民政府共同主办的"一带一路"陆海联动发展论坛日前在重庆开幕，来自30多个国家的政党政要、智库学者及企业界人士出席会议，与会代表就"一带一路"框架下的陆海联动发展达成广泛共识，并通过了《重庆倡议》。

由于联合国等国际和平机制以及世界银行、国际货币基金组织和世界贸易组织等国际经济贸易机制的存在，"二战"结束后的70多年里，世界没有爆发大规模战争，和平和发展是主调。随着工业化4.0时代的到来，全球化进入新阶段。目前，世界面临着经济下滑压力增大、全球治理体系亟须改革、单边主义盛行的多种挑战，中国提出的"一带一路"倡议，作为全球治理和国际合作共赢的新方案，已成为全球化发展下的重要平台，为全球基础设施建设与投资做出了巨大贡献。

世界银行最新发布的研究报告显示，目前已完成和规划中的"一带一路"交通运输项目，将使沿线国家和地区货运时间平均减少1.7%～3.2%，使全球平均航运时间下降1.2%～2.5%。世行报告还指出，"一带一路"建设将使沿线国家和地区的实际收入增长

1.2%～3.4%，全球实际收入增长0.7%～2.9%。

"一带一路"倡议是原有全球治理机制的延续，并逐渐成为本区域与域外国家合作的共识。通过基础设施建设这一新动能，"一带一路"倡议将为国际多边合作和世界经济发展带来更多发展机遇。

"一带一路"沿线的发展中国家处于不同发展后进阶段，面临基础设施条件差、资源开发能力弱、体制运行效率低、熟练技工和人才短缺等发展瓶颈。权威报告预测，2040年全球基础设施投资需求将达94万亿美元，其中近五分之一难以或无法获得资金支持。世界各国对基础设施投资的巨大需求，意味着"一带一路"倡议面临着巨大的机遇。

与此同时，"一带一路"还将促进产业转型啮合，推动新兴国家利用"后发优势"升级本国产业；引发不同国家在区域发展模式、区域产业战略选择、区域经济技术路径等方面的创新，在沿线国家内部释放新的活力。

在把握机遇的同时，也要清醒地认识到，"一带一路"倡议的推进还面临许多挑战，以美国为首的一些西方国家还对"一带一路"倡议存在许多误解。因此，"一带一路"倡议还应从多方位更加明确其合作模式和定位，吸引更多国家参与"一带一路"建设。

从双边走向多边是进一步体现"一带一路"倡议的多边性、透明度和开放性的关键点，有利于吸引更多国家参与"一带一路"。可以成立国际合作委员会，邀请各国前政要和国际组织加入，有利于减少各方的猜疑，扩大"一带一路"国际合作平台的作用。

国际经验借鉴是"一带一路"把握基础设施投资机遇的有效方法。目前亚洲投资开发银行已经取得显著成果，因此"一带一路"可借鉴亚投行模式，并牵手世界银行、美洲开发银行等国际银行，同时加强与世界银行、国际货币基金组织、非洲开发银行、欧洲复兴开发银行、巴黎俱乐部、WTO等机构的合作，借鉴国际经验的同时，促进"一带一路"参与国之间的对话。此外，"一带一路"还可以与联合国及其附属机构进行合作，从而进一步体现"一带一路"在全球治理方面的重要作用。

同时，应进一步明确突出"一带一路"全球经济振兴倡议的定位。对"一带一路"的解读应侧重经济方面，强调它对世界经济振兴的作用，进而打消国外对"一带一路"地缘政治上的担忧。

邀请包括美国、欧盟各国、日本、韩国等在内的发达国家共同参与"一带一路"建设，拓展"一带一路"概念的外延。发达国家与中国在基础设施投资方面有着巨大的合作空间。以美国为例，当前基础设施支出缺口最大的国家是美国，达3.8万亿美元；而对基础设施支出需求最大的则是中国，达28万亿美元，相当于全球基础设施投资需求的30%。同时，中国还可与各个国家共同完善"一带一路"的全球治理、区域治理的新秩序，建立各国在资金、基础设施、产能、人才和移民等方面的合作、交流、协调的机制。

再者，充分发挥智库、媒体、非营利组织等社会力量在"一带一路"中的作用。社会力量不仅可以通过民间交往拉近各国距离，更对"一带一路"各类项目实施过程中的标准制定、环境保护、工人权利等议题有着较大影响力，有利于基础设施建设项目顺利完成。

"一带一路"倡议是全球基础设施建设变革的新型动力，将以基础设施建设为主导，通过共商共建共享原则引导项目实施落地，推动包括贸易、金融、科技和人才交流在内的全球治理新发展。

（原载于《北京青年报》，2019年6月9日，有改动）

# 破解"逆全球化"的中国方案

2008年全球金融危机以来，世界范围内的逆全球化现象愈演愈烈，在一些国家出现的贸易保护主义、民粹主义事件等，日益暴露了全球化发展中的矛盾和问题。针对这种情况，中国鲜明提出，要适应和引导好经济全球化，消解经济全球化的负面影响，推动经济全球化朝着更加开放、包容、普惠、平衡、共赢的方向发展，为共建一个更加美好的世界提供了充满正能量的中国方案，具有重要理论意义和实践价值。

## 当前逆全球化现象的内在原因

全球化发展并不是线性的，而是波浪式前进的。自1492年哥伦布发现新大陆开启全球化进程以来，全球化的发展总是在高潮和低谷中交替前行。总体看来，当前一些国家政府采取的逆全球化行动是对经济全球化负面效果的回应，具体原因包括以下几个方面。

从政治角度看，国与国之间最根本、最核心的关系是利益关系。随着全球化的发展，各国协调全球治理过程伴随着国家权力的让渡，给国家经济发展造成了一定的挑战。全球化的深入发展使这些问题越来越凸显，从而引起民众反弹，使得政治整体趋向保守，经济整体趋于内向。2008年全球金融危机以来，世界经济复苏乏力，很多国家内部社会矛盾加剧，民众的反全球化情绪加深，在很大程度上助推了一些国家政府的逆全球化政策和行动，这其中比较突出的是英国"脱欧"和美国的全球贸易保护主义。一些西方国家曾经是自由贸易的倡导者，现在却走上了限制贸易的保守道路，给国际政治经济发展和世界总体格局带来了巨大的不确定性。

从经济角度看，全球资本的流动带来的就业问题和贫富差距是逆全球化的重要触发因素。一方面，技术革新导致工作机会减少。从历史的发展情况来看，全球化大大促进了科技进步和产业升级，同时也意味着同样产量需要的劳动力更少。跨境贸易和投资是以比较优势为基础的，但各国的比较优势差异很大，造成各国经济的不均衡。由于全球产业链、价值链分工布局和全球生产、外包体系的建立，劳动密集型制造业主要分布在发展中国家，导致欧美发达国家制造业部门的失业人数增加，这促使他们成为反全球化的主要群体，并进而推动了其政府的逆全球化举措。另一方面，资本拥有者和劳动者的回报差距不断拉大。在资本与劳动者的博弈中，资本拥有者借助全球化资本取得了完全的优势，从而造成资本在财富分配中的话语权空前提高，全球范围的贫富差距被持续拉大。这种贫富差距不仅体现在发达国家与发展中国家之间，也突出表现在发达国家内部。这造成了各国尤其是发达国家劳动者的强力反抗，他们开始在资本主义体系内部寻找解决出路，于是借助西方的民主竞选体系，一些"民粹主义"候选人当选执政，从而带来了一场场针对"经济全球化"的反制。他们试图通过调整国内的生产关系来缓解资本与劳动力之间的矛盾，但从资本逐利的本质来看，全球化带来的贫富差距不会因此而缩小。

从文化角度看，经济全球化带来频繁的文化交流，促进了世界各文化的沟通，但全球化的趋势也不可避免地对各国传统文化造成了严重的冲击，很多具有特色的手工艺、民族特色在消失，有的渐趋消亡。由于文化的特性各异，为保护本民族文化而进行反全球化的现象也在世界各国出现。尤其是近年来，全球化带给一些国家的负面经济影响，使这些国家在文化心理上更加排斥全球化，从而加剧了逆全球化现象。

## 中国推进全球化发展的基本思路

全球化虽然局部受阻，但全局仍在发展，这是不可阻挡的客观规律，它体现了人类的需要，符合人类长远利益，是人类发展的方向。中国作为全球化的受益者和推动者，有责任也有能力坚持全球化立场，与其他支持全球化的国家一道共同推动全球化的发展进程。

在发展理念层面，树立"人类命运共同体"的新型理念，努力建设超越国家、阶层和社会制度的全人类共商共建共享的美好未来。人类命运共同体作为我国提出的指导全球未来发展的创新理念，具有坚实的思想理论基础。它既坚持对本国利益的追求，同时兼顾他国合理关切；既谋求本国发展，同时促进各国共同发展。这一理念的提出将国际权力观、共同利益观、可持续发展观和全球治理观统一起来，可以说是中国在全球治理理念层面的一次伟大创新。它正确反映了当今世界全球化基础上的人类命运的一致性，也是对当前资本主义制度带来的分配不公和全球无效治理的矫正。

在实践举措层面，应进一步提倡和实施贸易与投资的自由化及便利化。中国明确反对一些国家新的贸易保护主义措施，要求减少不利于贸易自由的制度和障碍，加强国际高水平自贸区建设。中国开放的大门不会关闭，只会越开越大。在扩大开放方面，中国将采取大幅度放宽市场准入、创造更有吸引力的投资环境、加强知识产权保护、主动扩大进口等措施。同时，中国将在"全球公共产品"提供上发挥更大的作用，为推动国际关系民主化、建立新型国际合作关系、促进世界经济增长、推进全球治理体系的改革完善，提供新的思想、选择、路径和方案。例如，中国倡导推进"一带一路"国际合作，不仅为世界发展提供了新的全球性公共产品，也为推进"一带一路"沿线各国务实合作，加强规则的制定与对接，形成照顾各方利益的柔性联动机制，以及优化全球化治理方式做出了积极贡献。此外，中国还通过推动 WTO 现代化改革、完善多边贸易体制运行机制、参加构建地区性多边贸易体系等措施，推进建立贸易争端解决机制，在充分考虑发展中国家的利益诉求基础上，促进全球化进程的持续健康发展。

在环境营造层面，重点做好非政府间领域尤其是全球智库间的沟通和交流工作。中国智库需要建立起全球多边贸易机制的民间论坛，同时建立公开、透明、公众参与度较高的贸易政策顾问委员会体系，加强国际智库合作，建立圆桌会议、午餐会等交流机制，推动各国智库信息交流与知识分享。

习近平主席在世界经济论坛 2017 年年会开幕式中指出，把困扰世界的问题简单归咎于经济全球化，既不符合事实，也无助于问题解决。当前逆全球化思潮和现象的出现，是全球化发展波浪式前进过程中的一部分。中国将继续高举全球化发展旗帜，坚决拥护全球化的发展道路，在共商共建共享的原则下，以实际行动来支持经济全球化的发展，为实现人类命运共同体目标而贡献中国力量，提供中国方案。

（原载于《前线》，2019 年第 5 期，有改动）

## 从亚洲文明到亚洲共同体

国家主席习近平 2019 年 5 月 15 日出席亚洲文明对话大会开幕式并发表主旨演讲指出,亚洲近几十年快速发展,一条十分重要的经验就是敞开大门,主动融入世界经济发展潮流。亚洲各国人民希望远离封闭、融会通达,希望各国秉持开放精神,推进政策沟通、设施联通、贸易畅通、资金融通、民心相通,共同构建亚洲命运共同体、人类命运共同体。

本届亚洲文明对话大会聚焦"亚洲文明交流互鉴与命运共同体",旨在为亚洲和世界各国搭建文明互鉴平台,为亚洲命运共同体和人类命运共同体建设提供精神支撑。笔者受邀在亚洲文明对话大会系列论坛——亚洲国家治国理政经验交流论坛"命运与共的亚洲未来"分议题研讨会上发言,与其他嘉宾围绕亚洲发展的未来进行深入交流。

近年来,逆全球化潮流逐渐加强,民粹主义、贸易保护主义事件层出不穷。同时,全球化发展进入一个新阶段,这为人类发展提出了更多挑战。作为一个负责任和历史悠久的文明大国,中国在其自身发展的同时愿意与各国一道来应对这些挑战,承担更多的国际责任,为全球治理和命运共同体的早日实现发挥作用。

作为全球治理参与的重要组成部分，中国所在的亚洲地区是推动构建人类命运共同体的绝佳起点。亚洲是人类文明的重要发祥地，生活在底格里斯河—幼发拉底河、印度河—恒河、黄河—长江等流域的人们通过数千年的辛勤劳作形成了多彩而璀璨的文明。从古代丝绸之路到如今的"一带一路"，亚洲各国文化在交流中又形成了具有共性的亚洲价值观。亚洲各国有着相似的历史境遇，怀揣着相同的梦想和追求，共同为建设一个更加开放融通的亚洲而不懈努力。

互联互通让亚洲国家更加凝聚。随着全球化的发展，亚洲域内各国经济政治文化联系越发紧密，尤其是随着互联网时代的来临，原来的自然地理阻隔已经不成问题，亚洲区域内的人民更加便捷地开展各种交往交流活动。中国推动的"一带一路"倡议可以看作亚洲人民互联互通的典型。截至目前，亚洲48个国家中已有42个国家加入"一带一路"，成为促进本区域经济发展以及人文交流的重要平台。《亚洲竞争力2018年度报告》指出，中国企业已在20多个国家建设56个经贸合作区，为有关国家创造近11亿美元税收和近18万个就业岗位，对夯实亚洲区域经济一体化的社会基础有重要意义。

亚洲各国在交流互通的过程中已形成了命运与共的发展趋势。亚洲各国在政治、经济和文化各个领域的交流互鉴已将亚洲各国的未来紧紧捆绑。命运共同体是生存之道，也是发展之策，构建亚洲命运共同体是引领亚洲迈向新未来的必由之路，也是推动世界发展繁荣的必然选择。

推动建设亚洲命运共同体，首先，应进一步细化命运共同体的具体内涵。命运共同体包括政治、安全、经济、文化、生态等五个发展维度，并可以细化分解为五个具体可操作的层次，即利益共同体、基础设施共同体、信息共同体、价值共同体、机构共同体。在全球化时代，亚洲各国寻求共同利益，利用"一带一路"机遇加强基础设施建设，发展信息技术，创新发展亚洲共同价值观；依靠"一带一路"、亚洲基础设施投资银行等区域合作机构，可为亚洲命运共同体提供有力支撑。如果各国在各领域形成了共同利益，各国相互依赖，增大共同利益，就会形成良性循环。所以未来打造利益共同体，是推动世界长治久安的重要途径。

第二，应积极推动成立交流平台，增加亚洲各国文明之间以及域内外文明之间的交流互鉴。亚洲国家都有着古老而灿烂的文化，各国文化既独树一帜又交相辉映。通过亚洲文明对话大会这样的文明互学互鉴、共同发展平台，亚洲各国可以更好地传承弘扬亚洲和世界各国璀璨辉煌的文明成果，增强亚洲文化自信，凝聚亚洲发展共识，激发亚洲创新活力，从而推动构建亚洲命运共同体，并以亚洲为起点最终构建人类命运共同体。

第三，应坚持合作共赢，发展多边主义合作。"一带一路"倡议、亚投行、中国—东盟自由贸易区等多边主义合作为亚洲经济区域一体化发展注入了强大的动力，亚洲国家在经济上的多边合作则可为构建亚洲命运共同体奠定坚实的基础。

第四，应发扬儒家文化中"以和为贵"以及"大同"的精神和原则，尊重亚洲各国文化的多样性。发扬"以和为贵"和世界大同的儒家核心价值原则，并以兼容并蓄的精神，求同存异，与亚洲其他国家共创亚洲价值观新图景，以亚洲命运共同体建设为起点，推动构建人类命运共同体的进程。

第五，应发挥智库、企业等社会民间力量，打造构建亚洲命运共同体和人类命运共同体的人文基础。民间力量是各国交流互鉴的生力军，民间交流是各国文化碰撞交融的重要途径。这就需要包括智库、企业等机构以及各国人民加强交往，从而夯实命运共同体的人文基础。

各国文明都是在借鉴和开放中发展起来的，在全球化飞速发展的今天，亚洲各国文明可以用更加开放和包容的活力姿态，为域内命运共同体的建设做出榜样，进而为人类命运共同体的建设提供亚洲智慧。

（原载于《北京青年报》，2019年5月18日，有改动）

# 以东盟为鉴推进亚洲一体化

2020年是中国与新加坡建交30周年。在推动中新合作关系的关键节点，8月21日，全球化智库与新加坡南洋理工大学拉惹勒南国际研究院联合举办线上研讨会，探讨新冠肺炎疫情及其对东亚的影响。此前，8月19日至20日，中共中央政治局委员、中央外事工作委员会办公室主任杨洁篪应邀访问新加坡，并与新加坡总理李显龙举行会晤。双方均表示愿深化双边合作，推动中国—东盟关系发展，促进地区及世界繁荣发展。

作为亚洲近邻，东盟是中国周边外交优先方向和"一带一路"建设重点地区。近年来，中国—东盟命运共同体在双方关系提质升级中日益紧密。2019年，东盟取代美国成为中国第二大贸易伙伴；今年上半年，东盟又超越欧盟，历史性地成为中国第一大贸易伙伴。

东盟的持续发展不仅有助于地区一体化程度提升，也对推进亚洲一体化具有积极意义。1967年成立时，东盟仅包含印度尼西亚、新加坡、马来西亚、泰国、菲律宾五个成员国，起初是冷战背景下寻求地区自治的"政治论坛"。经过50余年的发展，东盟如今拥有10个成员国，多个观察员国、对话伙伴国和协商伙伴国，已发展为政治、安全、经济等多领域合作机制，影响力覆盖整个亚太地区。东盟地区论坛、东亚峰会以及"10+1""10+3"模式对话机制等，形成了东盟的"轴辐式"对话与合作机制。在此基础上，东盟有效推动了东南亚乃至东亚区域经济一体化发展的进程，以小国联盟牵引地区大国开展区域经济合作。

东盟是一个多元文化融汇、各种政治制度并存的共同体，部分国家还存在领土、种族及文化冲突，且现代化进程不一。东盟在成员国存在巨大差异中不断巩固发展，形成了具有东盟特色的"东盟方式"。"东盟方式"体现在坚持包容多样、协商一致、非正式架构、维护主权平等和促进国家合作等方面，在组织和决策上具有非正式性、非强制性的特点，不谋求建立类似欧盟的超国家权力机构。

在地区矛盾及差异复杂多元背景下，"东盟方式"的包容性、平等性及松散性看似约束力不足，却具有实践智慧，在实际上相对高效且稳定地推动了东盟一体化进程。东盟的成功经验及其在实践上对亚洲区域对话合作的促进，为亚洲实现一体化，构建亚洲联盟具有借鉴推动意义。

区域一体化是20世纪90年代以来世界政治经济发展的一个基本趋势。近年来，在逆全球化浪潮的冲击下，全球多边合作面临动力不足局面，欧盟、北美自贸区、非洲联盟、拉美一体化等区域一体化发展加速。亚洲由于地域广阔、地缘环境复杂，政治体制、宗教、民族、语言、文化多样，国家间发展水平差异较大等复杂原因，始终未形成一体化的共同体，次区域合作及一体化进程也相对较为缓慢。冷战结束后，随着日本、韩国、新加坡、中国香港等国家和地区的繁荣发展，关于亚洲价值观、亚洲认同的讨论一度十分兴盛，东盟、南亚区域合作联盟、海湾合作委员会等次区域合作进程也有所加快。然而，1997年亚洲金融危机及美国在亚太地区离岸平衡战略的实施，使本就复杂多元的亚洲地区推进一体化难度更大。

但是，随着东盟等亚洲次区域一体化的推进、亚洲国家的整体发展与互通合作，以及世界格局的变迁重塑等，实现亚洲联合，构建符合亚洲特点、具有亚洲特色的亚洲联盟，也并非不可为之事。

亚洲是当今世界最具发展活力和潜力的地区之一，对全球经济增长的贡献率达到60%。经贸关系的发展为亚洲推进一体化进程，进而构建亚洲联盟奠定了坚实经济基础。博鳌亚洲论坛于2020年5月发布的旗舰报告《亚洲经济前景及一体化进程2020年度报告》通过大量数据和分析证实，过去几年来，亚洲贸易一体化、投资一体化进一步提升，价值链相互依存增强。亚洲开发银行于2020年7月公布的数据也显示，目前，区域内贸易占亚洲国家对外贸易总额的比重约为58%，而在2000年，这一比重仅为45.2%，显示亚洲区域一体化程度的持续加深。

亚洲国家间的确差异较大，而儒家文化的深入影响与创新应用可成为国家及民众间润物无声的联结纽带，增进相互理解与沟通。"东盟方式"的实践智慧便充分体现了儒家"和合"文化、务实精神等在复杂多元现实中的价值所在。千百年来，儒家思想在亚洲地区得到了广泛传播，封建时代的儒家思想固然被打上了较浓厚的等级色彩，但儒家思想中不乏对处理当今国际关系极具借鉴意义的思想之光。其中，和而不同是现代多元文化的共生之道；"己所不欲，勿施于人"和"推己及人"，体现了当代民族国家的相处共存之道；以和为贵、仁义、中庸等思想的奉行也有助于国家间和平共处，增进互信，缓和摩擦。

区域一体化的推进通常需要地区优势国家主导推动协调。随着综合国力的日益增长，中国推动亚洲一体化的能力大为增强。近年来，"一带一路"倡议的落实推进正为亚洲地区的互联互通和经济一体化增添助力。通过构建横贯东西、连接南北的欧亚海陆立体大通道，亚洲地区可以更好地打通制约经济发展的地理障碍，助力实现均衡发展，提升亚洲内部的一体化水平。

首先，中国可与东盟及日本、韩国等东北亚国家加强对话沟通，提升东盟与中日韩"10+3"区域合作水平，率先打造亚洲一体化核心动力区。其次，可与上合组织、南亚区域合作联盟等次区域组织加强亚洲跨区域沟通，适时开启推动亚洲一体化的协商对话，探索寻求各方利益共识，进一步推动包含更大范围的亚洲一体化进程。

数十年来，亚洲的和平稳定发展使亚洲崛起成为现实，亚洲世纪正在到来。推进亚洲一体化进程，推动构建亚洲联盟，实现优势互补、互联互通、协作共进，可以更好地释放亚洲地区发展潜力，更好地应对新时代风险与挑战，促进亚洲及世界的繁荣稳定，为世界带来更多普惠发展。

(原载于《北京青年报》，2020年8月30日，有改动)

# 解决国际区域矛盾　中国可发挥更大作用

在逆全球化势力和全球化趋势进行碰撞对抗的过程中，更多的不确定因素加剧了世界格局的不稳定性。在区域一体化趋势加强的同时，区域内的国家间矛盾也更加显著，对国际安全和平发展提出挑战。2019年10月26日至29日在开罗和多哈举行的慕尼黑安全会议国际区域核心会议就对当下亟待解决的国际安全问题和可能出现的安全风险进行了深度探讨。笔者在参会期间切实感受到国际社会对中国在关键问题上推动多边合作有着更高的期待。

海湾国家之间的冲突与矛盾是全球区域安全风险的突出体现。海湾国家丰富的能源储备使其成为大国博弈的核心战场，在大国势力的影响下，国家间矛盾错综复杂。虽然有海湾阿拉伯国家合作委员会支撑其多边合作，但2017年爆发的卡塔尔外交危机已经暴露了这种合作机制的脆弱性。美国退出伊核协议后海湾地区局势更加动荡。作为昔日中东和平的主导者，美国在单边主义的影响下，逐渐偏离多边合作的道路。美国在海湾地区做出的种种利益至上、背信弃义的行为使其信誉扫地。然而，在国际社会无政府状态下，维护国际安全仍需一个具有领导力量的国家。指望美国在短期内做出改变，放弃追求"美国优先"显然并不现实。在这种背景下，世界各国纷纷将目光投向中国，希望中国在推动区域合作上发挥更大作用。

中国特色的经济发展对海湾国家实现自身经济可持续发展具有借鉴意义。改革开放后，中国经济的快速腾飞令世界瞩目。40余年来，中国农村贫困人口减少了7.4亿，国民生产总值从1978年的3679亿元增长到2018年的90万亿元，成为世界第一大货物贸易国、第一大工业国和第二大经济体。中国特色的发展方式为世界各国带来了发展的新思路。在实现自身经济发展的同时，中国也在为推动世界经济增长做出贡献。中国已经连续13年对世界经济发展的贡献率位居第一，保持在28%左右。随着综合国力的提升，中国的国际影响力正在不断增强，在国际事务中也已拥有更多话语权。因此，中国对世界的突出贡献不应只停留在拉动GDP增长方面，事实上，中国可以利用自身影响力在维护区域和平与稳定上贡献更多力量。

中国与海湾国家长期进行合作，已成为海湾国家的主要贸易伙伴之一，中国参与海湾地区矛盾调停，推动海湾国家进行多边合作有利于"多赢"发展。能源是中国和海湾国家加深合作的重要动力。海湾国家石油储量约占全球30%，而中国是世界最大的石油进口国，50%的进口石油来自海湾地区；卡塔尔是中国的第三大天然气供应国。未来中国对天然能源的需求可能还会增加。除了能源，中国还与海湾阿拉伯国家合作委员会成员国有着重要的贸易关系。中国已成为沙特阿拉伯、阿拉伯联合酋长国、科威特等国家的最大贸易伙伴。2017年，中国对海湾国家投资额达600亿美元，已超过美国成为该地区的最大投资国。

在科技领域，中国与海湾国家也存在巨大的合作潜力。海湾国家经济发展长期依赖能源出口，虽然是世界上较为富裕的区域之一，但是其工业和科技研发都处于落后地位，不利于其实现国家安全和可持续性发展。而中国近年来在新能源、通信技术等领域取得了众多创新成果，在科技领域具有众多优势。因此，中国与海湾国家可以利用各自的比较优势，探寻新的合作路径，实现科技创新的合作共赢。

中国提出的"一带一路"倡议还与海湾国家提出的"愿景计划"相呼应，为中国加深与海湾国家的合作创造了良好契机。由山东电建三公司承建的沙特阿拉伯延布三期 $5 \times 660MW$ 燃油电站项目就是"一带一路"倡议与沙特阿拉伯"2030愿景"对接的重要成果。该项目完工后将满足沙特阿拉伯10%人口的用电需求，并解决麦地那省夏季"用水难"问题，对沙特阿拉伯改善本国民生、稳定社会具有重要意义。

和平稳定是贸易畅通和经济繁荣的前提条件，促进区域多边对话合作有利于"一带一路"建设顺利进行。目前，"一带一路"建设遇到的显著问题之一就是许多沿线国家存在的不稳定现象提升了项目投资风险和项目成本。在中东地区，卡塔尔与沙特阿拉伯之间长期存在的矛盾致使两国不愿对话，为中国与海湾国家之间的贸易合作造成了阻碍。针对这种现状，中国可以适当进行调停工作，推动海湾国家开启对话。

慕安会是欧洲参与调停海湾国家区域冲突的有效平台，为中国发挥调解作用提供了有益借鉴。在本届慕安会国际区域核心会议上，欧洲国家通过组织相关议题研讨，凝聚合作共识，在一定程度上缓解了卡塔尔与其他阿拉伯国家之间的紧张局势。会议结束后，卡塔尔参与了欧洲—阿拉伯峰会，这对于和平解决海湾国家之间的矛盾具有重要意义。因此，在坚持和平共处五项原则的基础上，中国可以借鉴慕尼黑安全会议的形式为打破海湾国家之间的僵局贡献一份力量。通过建立多边对话机制，不仅可以促进与这些国家的经贸合作，更有利于推动区域繁荣和国际安全，也将为中国带来更多的发展机遇。

从亚太到中东，中国正在用贸易合作这种和平的方式将不同地区凝聚在一起。中国参与国际事务不意味着要走美国式的霸权道路，而是更多地利用自身影响力将矛盾各方带到谈判桌上进行对话，展现能够凝聚共识的引领作用，推动多边主义合作。

（原载于《北京青年报》，2019 年 11 月 4 日，有改动）

## 推动全球气候和环境治理
## 把握国际多边合作的重要契机

全球气候和环境问题日益显著，气候变暖、臭氧层空洞、海洋微塑料污染、生物多样性受损等全球性问题对全人类的可持续发展都提出了严峻挑战。在过去的一年中，全球极端天气接连不断，龙卷风、飓风袭击了世界多地，欧洲经历了史上最强"热浪"，还有亚马孙森林大火、澳大利亚丛林大火等。全球气候和环境问题是天然的全球性问题，只有各国合作才能解决这些难题。

然而，面对这些自然的悲剧，国际社会的态度却不尽相同。

我们首先看到的是世界第一大国——美国退出了《巴黎协定》，这意味着全球气候和环境治理将缺少领导力。其次，留在《巴黎协定》中的其他缔约方也缺乏合作动力——发达国家与发展中国家仍在关键议题上存在较大分歧。2019年12月，第25届联合国气候变化大会马德里会议超时两天落幕也未能达成实质性谈判结果。尽管联合国秘书长古特雷斯和大会主席、智利环境部长卡罗琳娜·施密特在发言中多次敦促各缔约方尽快完成《巴黎协定》第六条的谈判，但各缔约方代表也未能达成共识，这严重打击了各缔约方进行合作的信心与雄心。

但是，我们也能看到推动全球气候和环境治理发展的积极力量仍然存在，中国就是其中之一。

近年来，中国在气候和环境治理方面成果显著，为发展中国家平衡经济发展与环境保护提供了许多可借鉴的经验。2017年，中国提前三年超额完成了在2009年哥本哈根气候大会上许诺到2020年单位GDP的二氧化碳排放要比2005年下降40%～45%的目标。其中，首都北京的大气污染治理成果最为突出。曾经一度"谈霾色变"的北京在过去几年中通过加大防治力度、创新治理措施，取得了明显效果。自2013年以来，北京全市共淘汰4万蒸吨燃煤锅炉、实施5.2万蒸吨燃气锅炉低氮改造、报废转出老旧机动车221.4万辆、累计推广20余万辆新能源汽车……2018年，北京PM2.5年均浓度为51微克/立方米，较2013年下降42.7%。联合国环境规划署报告称，北京的大气污染防治方式对其他面临相似问题的城市具有极高的参考价值。

除了对大气污染物排放的治理外，中国在沙漠治理方面也有着重要的贡献。2019年年初，波士顿大学发布研究报告，称中国对世界绿化面积净增长贡献率超过25%。毛乌素沙漠从流沙重新成为绿洲，而曾经黄沙漫漫、寸草不生的库布齐沙漠成为中国绿色发展"名片"。库布齐沙漠的治理绿化面积达6000多平方公里，固碳1540万吨，涵养水源243.76亿立方米，释放氧气1830万吨，创造生态财富5000多亿元，带动10.2万人脱贫受益。这些成就无不显示着中国应对气候和环境挑战的坚定信心和强大行动力。事实上，中国在全球气候和环境治理中的正面作用不仅局限于现有成果，还有更多的潜力正在显现。

未来，中国对全球碳交易市场机制的健全与合作还将起到重要的推动作用。《巴黎协定》第六条的实施细则谈判就涉及碳市场机制与合作。有关研究显示，如果《巴黎协定》的第六条款有效施行，到 2030 年每年可为全球气候行动节省 2490 亿美元。中国拥有世界上规模最大的碳交易市场，一旦完全启动，可覆盖全球 5% 以上的温室气体排放量，将为全球温室气体减排和清洁能源开发等方面带来积极影响。

全球气候与环境治理既关系到全人类包括中国的可持续发展，也是对其他领域的全球治理和多边合作的推动契机。在过去的一年中，逆全球化思潮愈演愈烈，我们经历了英国"脱欧"、美国退出 TPP 和其他国际多边协定与组织、RCEP 谈判在最后阶段受到阻碍、WTO 核心功能争端上诉机制陷入瘫痪等逆全球化事件。但是贸易保护主义、民粹主义、单边主义等论调和做法并不能解决全球性问题，反而会起到反作用。中国一直是多边主义的坚定支持者与践行者，因此，为了实现中国自身经济的可持续发展，也为了推动全球多边主义合作的发展，中国可以从全球气候和环境治理方面开始，为维护和发展全球治理体系与全球化发展发挥更多作用。

第一，中国应加强自身气候和环境保护与治理，将基层实践与顶层设计保持一致。习近平总书记提出了"绿水青山就是金山银山"的发展理念，而这一发展理念精准地概括了生态环境保护和社会经济发展之间的关系。践行这一理念对社会经济生产活动的各个方面都有积极意义，有助于我国实现经济发展绿色转型和可持续发展。

我们需要看到企业是"绿色发展"这一理念的重要践行者。中国的经济正在由"快"转"优"，同时越来越多的消费者也正在接受可持续发展的绿色消费理念，因此对企业来说，进行生产的绿色转型不仅是担当社会责任的表现，更是顺应市场发展趋势的要求。对企业来说，淘汰污染产能、升级绿色生产线可能会在短期内造成一定的压力，但是主动改变总是优于被动改变。没有一家企业愿意被社会发展所淘汰。同时，中国的企业也应传承中华民族的传统精神"先天下之忧而忧，后天下之乐而乐"，以忧心天下的情怀结合自身能力，做出担当和表率，服务社会，提升自己。实际上，这也是一种"共赢"。

第二，中国在气候问题的国际谈判中可与欧盟加强合作，发挥更多推动作用。美国退出《巴黎协定》后，中国和欧盟成为支撑这一协定的两股主要力量。欧盟在本届气候大会上发布"绿色协议"，设立了到2050年实现"碳中和"的目标，中国则将在2020年承办《生物多样性公约》第15次缔约方大会。正如外交部长王毅所言，气候变化是当前最突出的全球性问题之一，也是中欧合作的亮点。因此，中欧在气候治理方面可以进一步建立沟通与合作机制，为推进全球生态文明建设做出更多贡献。

第三，在履行已有国际气候协定的同时，我们还可继续推动绿色"一带一路"建设，带领"一带一路"国家实现可持续发展。2017年5月，习近平主席在首届"一带一路"国际合作高峰论坛上提出建立"一带一路"绿色发展国际联盟。环保部（今生态环境部）联合外交部、发改委和商务部共同发布了《关于推进绿色"一带一路"建设的指导意见》，环保部还发布了《"一带一路"生态环境保护合作规划》。"一带一路"倡议是中国向世界提供的国际公共产品，将"绿色""低碳"等发展理念融入其中，是中国承担更多国际责任的具体表现。

第四，中国应积极参与到"禁塑"国家的行列，推动减少全球海洋污染多边合作。2019年在日本大阪举行的二十国集团（G20）峰会通过了《大阪宣言》，G20成员国在宣言中一致通过"蓝色海洋愿景"计划，旨在2050年之前实现海洋塑料垃圾"零排放"。这一共识的达成具有历史性意义，为全球化发展释放出积极信号。因此，中国应积极行动，推动这一共识继续发展。中国可在已有的"塑料袋收费"政策的基础上，将"限塑令"从一次性塑料袋扩展到所有的一次性塑料制品，最终实现"禁塑"目标。

此外，中国可以在海洋酸化、臭氧耗竭等其他气候和环境治理领域进行突破。气候和环境治理不仅限于减少温室气体排放，海洋污染、臭氧层空洞等现象也为人类发展提出挑战。中国一方面可以在这些问题的防治上进行更多研究，另一方面还可以推动各国形成共识，建立多边合作机制。

第五，中国的民间力量可以从多个方面发挥作用，助力中国参与全球气候治理。气候和环境问题与我们每个人的生命健康都息息相关，维护生态环境不仅是政府的职责，更需要民间力量参与。智库、民间环保组织和优秀的专业研究人员与科学家都应发挥己之所长，为中国治理本国生态环境和参与全球气候与环境治理贡献更多力量。

在大国单边主义和贸易保护主义不断涌现的今天，抓住各国在解决环境和气候问题时释放出的多边合作的积极信号，是对抗逆全球化发展的重要突破点。气候和环境问题关系到人类存亡，需要各国凝聚力量共同解决。中国作为国际社会中的重要成员应贡献更多力量推动国际社会走出合作"瓶颈"，在能力范围内承担更多国际责任，体现大国国际担当，与世界各国一道维护人类命运共同体的可持续发展。

［本文根据笔者在第九届（2019）CSR年度盛典上的主题演讲整理而成］

# 利用多元公共外交推动国际合作共赢

随着中国国力的稳步提升以及全球化深入发展，中国在世界舞台上所扮演角色的重要性也逐步获得了肯定。因此，如何通过多元公共外交推动国际社会合作共赢，真正构建求同存异的人类命运共同体，已经成为我国对外战略中的核心议题之一。2019年11月底，笔者受邀参加了由中国人民大学国家发展与战略研究院和中国互联网新闻中心（中国网）共同主办的"2019中国公共外交论坛"。为推进中国公共外交更好发展贡献力量与智慧，笔者主要针对如何提升多元公共外交提出了五点建议。

第一，创新中国对外表达的叙事方式，包括理念和理论创新。中国在参与全球化进程中，应对叙事方式有所创新，着重讲述中国对世界经济繁荣的贡献。不久前，世界银行发布的全球价值链报告指出了全球化对制造业的改变。在20世纪80年代，全球70%至80%的出口产品是在同一个国家生产，而现在全球70%至80%的产品则由多个国家生产，构成一条全球价值链。现在不是"中国制造"，而是"中国生产，世界制造"。我们统计的中美贸易数据显示，中国有3750亿美元的顺差，但其实出口到美国的近一半产品是由美国公司进行生产，顺差都算到中国很不公平。因此，我们的叙事方式需要进一步创新。西方国家总说中国是国家资本主义，但事实上中国的民营经济占了 GDP 的 60% 以上，雇用了 90% 的就业人员；外企则撑起了中国 10% 的 GDP 以及 9000 万人的就业。我们可以多向世界讲述民企以及外企对中国经济的贡献，用国际社会普遍接受的表达方式消除他们对中国的误解。

第二，中国应多强调世界的共性和人类的共性，强调人类命运共同体。在国际舞台上，我们不仅要讲中国的特色，还要讲世界特色，还要强调多元文化。在描述中国时，可以强调中国已经成为联合国两项预算第二大出资国、全球维和派出士兵最多的常任理事国，是全球 130 多个国家最大的贸易合作伙伴，连续多年为全球 GDP 的增长贡献超过 30%。我们是世界经济发展的稳定器、助推器，是和平与繁荣的加速器。此外，中国通过持续实施"退耕还林"、沙漠治理等政策，对全球气候治理和环境治理做出了巨大贡献。我们不仅要讲好"中国故事"，更要讲好"世界故事"。未来，我们应进一步研究怎样在构建人类命运共同体方面做出实质性举措。

第三，中国在推动和创新全球多边体系中还应发挥更多实质性作用。中国在维护、推动和发展全球化方面拥有许多前瞻的理念，但在多边合作实践中还可以承担更多国际责任。目前，中国发起成立的亚洲基础设施投资银行就是多边机构的成功典范，得到了国际社会的广泛认可。我们的"一带一路"倡议也提出了一个宏大的发展理念，得到了许多国家的响应。下一步，我们需要深入思考怎样才能在"一带一路"建设中真正做到共商、共建、共享，从主要依靠单边力量及双边合作转化为依靠多边力量和多边合作。我们可以联合联合国、世界银行、国际货币基金组织、世界贸易组织、亚洲基础设施投资银行以及各大洲的开发银行等国际机构来推动"一带一路"新发展,进一步将其打造成国际发展的多边机制。"一带一路"的发展理念更加宏大,可以比亚投行做得更多、更好。在此基础上,中国在一些国际问题上也要适当发声,例如中国可以在中东多做一些贡献。我在不久前参加慕尼黑安全会议的国际区域核心会议时,按照会议安排要在埃及开一天,再到卡塔尔开一天。但是由于沙特阿拉伯和卡塔尔两国关系仍处于僵持阶段,飞机从开罗飞到多哈时要绕路。作为这些国家最大的贸易合作伙伴,中国为什么不能为它们的和解发挥一些调解作用?

第四,在智库公共外交方面,中国可以做得更好。在巴黎和平论坛上,CCG代表中国智库提出了两个方案,一个是成立中国国际人才组织联合会,另一个是成立电子商务联盟D50,用中国的电子商务发展经验推动全球电商管理发展。

第五,中外要加强民间交流。我最近看到一篇文章里面提到,据统计,中国到美国的留学生人数不仅没有大幅减少反而还在增加,2019年6月赴美留学签证的发放量超过了同期。这说明,不管目前中美关系如何,我们仍然应该鼓励正常的留学和旅游发展。更重要的是,人文交流有利于国际社会加深对中国的理解。全球化已经持续多年,一些国家对中国还存在那么多误解很大程度上就是因为来中国的外国人太少了。现在来北京旅游的国际游客人数还停留在11年前举办奥运会时的水平,相比之下,中国出国旅游人数已呈现爆炸式增长。我们为什么不能吸引更多的外国人来中国?许多人只要亲自来中国看一看,就会发现他们对中国的固有印象可能完全是错误的,会对中国的看法产生很大改观。我认为中国可以通过民间外交吸引全球的学生、全球的游客来到中国,感受中国,甚至逐步出台移民政策来实现他们的"中国梦"。我认为中国有能力在这些方面做得更好。

（本文基于作者 2019 年 11 月 27 日于人大公共论坛的演讲整理而成）

# "和而不同"应成为全球化新阶段主旋律

2019年12月,商务部原部长、中国外商投资企业协会会长、全球化智库名誉主席陈德铭在美国访问时发表主旨演讲,从三个方面阐述中美关系,并强调某些中外学者所宣扬的中美"脱钩论"实为谬论。笔者对此十分认同,全球化发展让中美两国"你中有我,我中有你","脱钩"既有损于两国利益,也不利于世界经济发展。中国的发展道路并没有与其他国家对立,中美两国可以实现"和而不同"。正如国家主席习近平曾说的那样,"世界上没有放之四海而皆准的发展模式,各方应该尊重世界文明多样性和发展模式多样化"。

尊重多样化的国家发展模式是我们在世界格局多极化发展趋势下面临的必然选择。2008年全球金融危机后世界格局多极化趋势更加明显,新兴市场国家在国际事务中的话语权随着经济实力的增长而显著提升,而以美国为核心的全球治理体系则问题层出不穷,许多机制陷入改革困境。与此同时,"一带一路"倡议、全面与进步跨太平洋伙伴关系协定、非洲大陆自贸区协定、区域全面经济伙伴关系协定等区域性多边发展机制和贸易协定的出现与发展体现出多极力量的崛起。世界格局的多极化发展趋势已成为客观事实,并非主观可以扭转。

中美两国作为世界的重要两极,中美关系对世界贸易、国际金融体系、区域安全和气候治理等方面都具有深刻影响。陈德铭前部长在演讲中指出所谓的中美经济冲突论"是妄想,是疯狂,'脱钩'更是不可能"。的确,中美两国自建交以来,在贸易、科技、教育和文化交流等领域都进行了密切的合作。中美互为主要贸易国,经贸关系一直是两国关系的压舱石;中美两国科学家每年都进行数千项科研合作,为许多全球性问题提供解决方案;大量的中国留学生前往美国深造,推动了中美之间的人才交流循环……因此,中美两国需要顺应客观发展趋势,寻找和谐共存的方法。

在现阶段,中美两国若想实现和谐共存就必须重建互信。事实上,正如美国前国务卿所言,相比"贸易赤字",缩小中美"信任赤字"在当下更为重要。此次中美大规模贸易摩擦已持续近21个月,双边谈判也异常艰辛曲折。尽管中美第一阶段协定已经达成,但两国之间仍将面临更多复杂和深层次的问题。中美"信任赤字"就是导致这些问题难以解决的重要原因之一。

中美之间产生"信任赤字"的根本原因是双方发展道路的差异。但是"差异"并不等同于"对立",中美两国可以做到"和而不同"。笔者随陈德铭访问美国智库时,曾在美国战略与国际问题研究中心与美国知名学者进行辩论,许多美国人士也认为中美避免陷入"修昔底德陷阱",实现和平共处是有可能的。因为中国的意识形态、政治体制和发展模式虽有别于西方国家,但并不意味着与它们根本对立。事实上,中国与西方国家存在许多利益相交点,中国也向它们学习了很多发展经验。例如,中国在改革开放后进行了市场经济体制改革，并通过全球化发展逐渐融入了全球价值链，成为驱动世界经济发展的重要力量。特别在加入世界贸易组织后，中国引进了一系列市场经济的概念和运行规则，这种经验学习对中国自身经济发展起到了重要的推动作用，并间接为世界经济发展创造了更多可能。

现在中国正在深化开放，并进一步完善市场经济体制。2020年是中国开放的关键时间节点——《外商投资法》正式生效，金融行业全面开放，电信、医疗、教育和养老等领域的开放也将更上层楼。可以说，中国开放的不仅是市场，更是心态。中国正怀着一种开放的心态希望与世界各国能够在交流与互鉴中和平共存，和谐相处，互利共赢。

中国在改革开放中不断向西方国家学习借鉴它们的成功经验，并在探索中总结出了一些自己的成功经验，可以供其他国家参考借鉴，如五年规划。中国通过每五年制定一个新的国家发展规划与目标，将长期目标拆分为更易实现的短期目标，一步一个脚印，让国家发展更具有连贯性和效率。

值得明确的是，中国与世界分享自己的发展经验并不是要搞"意识形态输出"或"发展模式输出"，而是希望与各国携手合作、共同进步。中国是现存全球治理体系的受益者与支持者，在实现自身发展的同时，中国也希望可以与世界各国分享自己的发展红利与成功经验。对于这一点，中美之间还要继续加强对话与交流，消除误解，提升互信。

中美两国交往密切，出现矛盾和摩擦在所难免，但重要的是当矛盾出现时，两国保持沟通，增进理解。中国的发展道路固然不可能照搬西方国家的模式，但也不会与国际社会的主流发展模式截然相反。21世纪的全球化应该更加包容和公平,只有多样化发展,世界才能更加丰富多彩。在全球化新时代,"和而不同"的主旋律应该被再次唱响。

(原载于《北京青年报》,2019年12月15日,有改动)

# 后 记

2008年,我和苗绿刚创办全球化智库的时候,无论是"全球化"还是"智库"的概念都远未如今天这般为世人所熟知。

12年间,中国GDP超越日本,成为世界第二大经济体;中国货物贸易进出口总额超过美国,成为世界第一大货物贸易国;中国还成为双向直接投资项下的资本净输出国。可以说,在和平与发展的大环境下,中国搭上全球化的快车,取得了令人瞩目的成绩。

12年间,全球局势也发生了天翻地覆的变化。从席卷全球的金融危机到阴晴不定的中美贸易摩擦,从此起彼伏的各国贸易保护主义、单边主义,再到来势汹汹的全球新冠肺炎疫情……不给世界留下片刻喘息之机。

作为中国第一家以"全球化"命名的智库,全球化智库始终是"全球化"理念的先行者、倡导者和推动者。在这个百年大变局的时代,我们坚持深耕全球化相关领域的研究,为国家建言献策;每年举办百余场智库活动,推动中外官产学各界精英凝聚共识,合作应对全球化新挑战;紧密追踪中美关系变化,连续发布中美经贸研究报告,积极践行智库"二轨外交",搭建两国沟通桥梁;一次次登上国际舞台,提出全球治理方案,在重重压力下为国发声,展露大国智库风采，推动实现更具包容性、更加可持续的全球化。

我相信，全球化道阻且长，未来可期。

本书的研究与出版，得到多方面的支持、帮助与指导，在此一并致谢。

感谢西南财经大学、北京东宇全球化智库基金会对本研究与出版的赞助支持。

在本书的成书过程中，全球化智库的研究人员于蔚蔚、王文佳、李婧梵等对本书的编写工作做出了贡献，在此一并致谢。

借此机会，还要感谢生活·读书·新知三联书店总编辑肖启明先生、副总编辑何奎先生对本书的重视和推动，感谢艺文出版分社社长唐明星女士对本书的顺利出版所提供的积极支持。

由于编写时间匆促，书中难免出现不足之处，欢迎社会各界批评指正。

王辉耀

2020 年 7 月 18 日